ANALYSEN UND REFLEXIONEN

Band 43

Ingeborg Scholz

Friedrich Schiller

Maria Stuart

Die Schaubühne als eine moralische Anstalt betrachtet

Interpretationen und Anregungen zur Unterrichtsgestaltung

Joachim Beyer Verlag — 8601 Hollfeld/Ofr.

ISBN 3-921202-78-7

Druck: Heinz Neubert GmbH, 8580 Bayreuth

INHALT

„Wenn ich mir denke, daß in der Welt vielleicht mehr solcher Zirkel sind, die mich unbekannt lieben und sich freuen, mich zu kennen, daß vielleicht in hundert und mehr Jahren — wenn auch mein Staub schon lange verweht ist, man mein Andenken segnet und mir noch im Grabe Tränen und Bewunderung zollt — dann, meine Teuerste, freue ich mich meines Dichterberufs und versöhne mich mit Gott und meinem oft harten Verhängnis."

(Schiller an Frau von Wolzogen)

VORWORT

Bei der Analyse von Schillers Dramen findet man sich in der glücklichen Lage, über das in ihnen realisierte Konzept theoretisch hinreichend informiert zu sein und zwar durch Schiller selbst in seinen ästhetischen Schriften und in vielen diesbezüglichen Notizen und Briefen. Jedoch sollte diese Gegebenheit nicht dazu verleiten, seine dramatischen Dichtungen allzu ausschließlich als Realisierungen seiner Theorien anzusehen. So sehr einerseits die von ihm exakt formulierten ästhetischen Erkenntnisse des wachen Bewußtseins einer psychologisierenden bezw. theologisierenden Interpretation eigenmächtiger Prägung wohltätige Zügel anlegen, so kann man dennoch nicht außer acht lassen, daß kein Dichter, nicht einmal der so sehr zur Reflexion neigende Schiller, immer genau vorhersehen kann, ob seine dichterischen Gestaltungen so wirken, wie sie geplant sind. Von Schiller selbst stammt das Wort, das uns warnen sollte: ,,Das Genie ist sich selbst das größte Geheimnis.''
Trotz der exakten Definitionen der ästhetischen Gattungen, die von einer unermüdlichen Beschäftigung mit den Problemen von Drama und Bühne Zeugnis ablegen, muß man sich dennoch fragen, ob es hinreichend ist, seine Tragödien allein auf seine Theorie zu beziehen. Sicherlich ist es notwendig zu wissen, ob und inwieweit die Philosophie bei der Erfindung seiner Gestalten und bei der Dramatisierung seiner Handlung mitgewirkt hat. Es ist und bleibt eine unabdingbare Vorbereitung zur Kenntnis und Analyse seiner Tragödien. Aber ebenso wichtig erscheint es uns, über das Studium der Theorie hinaus, Schillers poeti-

sche Gestaltungen auch unabhängig von dem Vor-Urteil des ,,denkenden'' Schiller ins Auge zu fassen und — auf Emil Staigers Rat — ,,die Verse zu lesen, als ob wir sie noch nie vernommen hätten.''[1])

Dr. Ingeborg Scholz

[1]) vgl. Emil Staiger, Schiller, Atlanits Verlag Zürich 1967, S. 336

Einführung:

Schiller und die moderne Bühne

Überblickt man die Spielpläne des gegenwärtigen deutschen Theaters — besonders die des letzten Jahrzehnts — so stellt man angesichts der Titelauswahl fest, daß ein steigendes Interesse an klassischen Autoren aufzukommen scheint. Neben Shakespeare, Goethe und Kleist ist es aber besonders Schiller, dessen Name auffällig häufig in den Theaterprogrammen auftaucht: die vorklassischen Stücke „Die Räuber", „Kabale und Liebe". „Don Carlos", aber auch „Wallenstein", „Wilhelm Tell" und in jüngster Zeit „Maria Stuart" sind auf den Spielplänen der größeren deutschen Bühnen zu finden, und es sieht auf den ersten Blick so aus, als sei damit eine Verknüpfung an die nach dem 2. Weltkrieg vernachlässigte bezw. verpönte klassische Tradition zu verzeichnen. Wer sich aber durch eigene Erfahrung Einblick in die Situation des modernen deutschen Theaters verschafft hat, wird bald erkennen, daß eine solche Schlußfolgerung voreilig wäre. Bei den gegenwärtigen Aufführungen klassischer Stücke an den größeren Bühnen Deutschlands wird keineswegs an klassische Tradition angeknüpft, — hier wird vielmehr klassisches Theater ad absurdum geführt. Wer angesichts der eingearbeiteten Gags, der Deformationen, Pornographien und Blasphemien in den Stücken von Shakespeare, Goethe und Schiller die Forderung nach werkgetreuer Herstellung der Stücke auf der Bühne an irgendeiner Stelle laut werden läßt, muß mit dem Vorwurf des „Bildungsphilisters" rechnen, — ihm werden „Kadavergehorsam", „Unterdrückung der Phantasie" und

,,Absperren der Kreativität" vorgehalten, — Slogans, wie sie so und ähnlich in der Luft der zeitgenössischen Bühne herumschwirren. — Der Kritiker und Feuilletonist Georg Hensel hat einmal die Haltung der zeitgenössischen Regie gegenüber klassischen Autoren folgendermaßen charakterisiert: ,,Wenn Dramatiker wie Samuel Beckett in den Rang von Klassikern aufrücken, so müssen sie damit rechnen, von jüngeren Regisseuren wie Klasiker behandelt zu werden: respektlos."[2])

Es ist nicht unsere Absicht, den vorliegenden Band mit einem allgemeinen Exkurs über Reichweite und Bedeutung der Regie für die gegenwärtige deutsche Bühne einzuleiten. Uns geht es lediglich um den Teilaspekt: Wie geht die moderne Bühne mit dem Klassiker Schiller um? Zur näheren Erläuterung dieser Frage werden wir am Schluß unserer Einleitung auf ein typisches Aufführungsbeispiel eingehen, und zwar auf die Aufführung der ,,Maria Stuart" am Düsseldorfer Schauspielhaus in der Spielzeit 1980. — Dabei sind wir von der Überzeugung geleitet, daß Schillers theatralische Umsetzung auf der Bühne der Gegenwart zu dem Gesichtspunkt der Rezeption dieses Autors in unserer Zeit etwas aussagt, wobei die weitere Frage nicht auszuklammern ist, wieweit hier ,,Rezeption" und ,,Manipulation" ineinandergreifen. —

Als Ausgangspunkt unserer Betrachtungen ,,Schiller und die moderne Bühne" berufen wir uns auf einen Praktiker des Theaters, der, wenn auch nicht mehr im zeitgenössischen Theater wirkend, dennoch eine unvergessene Stimme im Kanon der modernen Regis-

[2]) Georg Hensel, Das Theater der siebziger Jahre, Deutsche Verlagsanstalt, 1980, S. 140

seure innehatte: auf Gustaf Gründgens. Sein Aufsatz: „Über Schiller und die moderne Bühne"[3]), auf den wir im folgenden eingehen, stammt aus dem Jubiläumsjahr von Schillers 150. Todesjahr. Die darin geäußerten Gedanken haben nichts an Aktualität verloren, weshalb wir sie in aller Ausführlichkeit hier zu Wort kommen lassen. —
Der Schauspieler und Regisseur Gründgens beginnt seinen Aufsatz mit dem exemplarischen Satz: „Es ist für mich, der ich — trotz Kleist — Schiller für den größten deutschen Dramatiker halte, überraschend, gefragt zu werden, ob Schiller noch lebendig und auf der Bühne von 1955 ohne weiteres zu spielen sei." Auf diese Frage, die seit langem und auch heute noch in aller Munde ist, hat Gründgens eine eindeutige Antwort bereit: „Ich verstehe die Bedenken nicht, aus denen heraus man diese Frage stellt. Sowohl für den Schauspieler als auch für den Regisseur ist die Beschäftigung mit Schiller eine gleich große Faszination."[3]) Nun könnten ja — in den Augen des oberflächlichen Betrachters — die häufigen Schiller-Aufführungen als Bestätigung der hier geäußerten Meinung aufgefaßt werden. Aber die Klassiker in den Inszenierungen von Heyme, Zadek, Peymann, Heising u.a. können meist nur noch als „Rohstofflieferanten" bezeichnet werden: die eigenwillig deformierten Stoffe, die zerhackten Verse, die verzerrten Gestalten sind „Verunglimpfung" nicht „Herstellung" der nur dem Namen nach noch übereinstimmenden Werke. Wir zitieren an dieser Stelle Dürrenmatt, der sich zu der Frage der Klassiker-Aufführungen folgendermaßen ge-

[3]) Gustaf Gründgens, Über Schiller u. d. moderne Bühne, in: Akzente, 2. Jg. 1955, S. 222-224

äußert hat: ,,Der Regisseur ist wichtig, beherrschend geworden wie noch nie, entsprechend dem Dirigenten in der Musik. Die Forderung nach richtiger Interpretation der historischen Werke stellt sich, sollte sich stellen, doch ist man auf den Theatern noch nicht zur Werktreue vorgestoßen, die einigen Dirigenten selbstverständlich ist. Man interpretiert nicht immer, sondern exekutiert allzu oft die Klassiker, der fallende Vorhang deckt einen verstümmelten Leichnam.''[4]) Gründgens weist in seinem Aufsatz noch darauf hin, daß Schwierigkeiten sich allerdings immer dann ergeben, wenn man den Versuch macht, Schiller zu ,,modernisieren''. Was er darunter versteht, macht er an einem nach den heutigen Erfahrungen harmlosen Beispiel aus der Geschichte der Regie klar, wenn er sagt: ,,Das ist schon Otto Brahm nicht gelungen, als er ,,Kabale und Liebe'' in einer naturalistischen Inszenierung herausbrachte, in der Rudolf Rittner sich als Ferdinand bei dem Satz ,,ich verwerfe dich, ein teutscher Jüngling'' die Handschuhe anzuziehen und zuzuknöpfen hatte.''[5]) Es ist überzeugend, was Gründgens mit dieser Regie-Anekdote sagen will: daß nämlich das durch Alltagsgestik allzu gedämpfte Pathos an dieser hochdramatischen Stelle etwas vom Wesen von Schillers dramatischer Dichtung zerstört. —
Aber um nicht als erstarrter Repertoire-Regisseur mißverstanden zu werden — wir wissen zudem, daß Gründgens' Faustinszenierungen, bei aller inneren Werktreue, frühere Faustinszenierungen über den

[4]) Friedrich Dürrenmatt, Theaterprobleme, Im Verlag der Arche, Zürich, 1955, S. 19

[5]) Gustav Gründgens, ,,Über Schiller und die moderne Bühne'', a.a.O. S. 222

Haufen geworfen haben — warnt Gründgens im Hinblick auf Schiller vor einer allzu ekstatischen Pathetisierung seiner Dramen und weist darauf hin, daß man seine Verse heute nicht mehr so sprechen kann, wie es zur Zeit der Meininger geschehen ist. Trotz seiner Warnung vor einer falsch verstandenen Aktualisierungstendenz gegenüber den klassischen Dramen versteht sich Gründgens selbst als zeitnaher Regisseur, der davon ausgeht, daß der Darstellungsstil der Zeit angepaßt sein muß, in der wir leben. Das heißt aber keineswegs, daß wir auf die aktuelle Suche nach einem neuen Schiller-Stil gehen sollten, — schon gar nicht — so fügen wir ein — daß wir Schiller — stückfremd — inhaltlich ins Gegenteil verkehren dürfen. Wenn man Schiller inszeniert, sagt der erfahrene Theaterpraktiker, soll man nicht feige sein und das dichterische Wort zum Mittelpunkt der Inszenierung oder Darstellung machen. —

Zeile für Zeile dieses bemerkenswerten Aufsatzes ist eine Provokation gegenüber jenen Gruppen von Regisseuren, die heute die größeren Bühnen Deutschlands beherrschen. Um das deutlich zu machen, betrachten wir — vom literarischen Standpunkt aus — die Düsseldorfer Inszenierung von Schillers „Maria Stuart". —

In der Spielzeit 1980 wurde — unter der Regie von Ulrich Heising — Schillers Tragödie „Maria Stuart" aufgeführt. Der besondere Einfall des Regisseurs bestand darin, die beiden Hauptrollen Maria und Elisabeth in Personalunion spielen zu lassen, d.h. die Schauspielerin Christa Brendl hatte die Aufgabe, die beiden rivalisierenden Königinnen in einer Person darzustellen. Als Maria verkörpert Christa Brendl Sinnlichkeit und Leidenschaft: sie bietet sich Mortimer, den sie nach Schillers Konzept zurückstoßen muß, mit offenem Morgenmantel sexuell an. In ihrer Version als Elisabeth verkörpert sie Intellekt und Vernunft: ihre Requisiten sind Turban und Brille. Laut Programmheft geht es hier um zwei Seelen in der gleichen Brust, die der Regisseur, dem die Mittel der Trivialsymbolik überaus geläufig sind, nur demonstrieren kann, indem er sie in einer Person abwechselnd unterbringt. Daß man diese dümmliche Interpretation Schillerscher Gestalten ernst nehmen soll, ist ja wohl auch kaum beabsichtigt. Es tut der Sache viel zu viel Ehre an, wenn hier von psycho-pathischen Studien des Regisseurs gesprochen wird. Auf der Düsseldorfer Bühne ging es um nichts weiter als um Verhöhnung und Veralberung klassischer Texte: Tragödien, die zum Lachen bringen und zum Lachen bringen sollen, sind geplant. ,,Nur keine weihevolle Stimmung aufkommen lassen'' ist die Devise, — es wirkt peinlich und beklemmend. Die männlichen Gegenspieler der Königinnen benehmen sich diesen gegenüber flegelhaft und frech. Die Regie, die das vom Text her nicht belegen kann, greift zu Trivialmitteln der Veranschaulichung: Hände in den Hosentaschen, Zigarette im Mund, schnöselhafter Stimmton u.ä. Auf die Höflinge wird zudem höchst sinnreich ,,bildlich'' im Programmheft hingewiesen: Die Lords des englischen Staatsrechts und die Diplomaten der französischen Botschaft sind darin abgebildet, wie sie ihre Notdurft verrichten. Dies ist gewiß ein Sachverhalt auf der gegenwärtigen deutschen Kulturszene, der lediglich kommentarlos registriert werden kann. Weiterhin zu registrieren sind — im Sinne der Sache — die Verstümmelungen und Veränderungen der Handlung: die Ermordung Shrewsburys, die Selbstverbrennung

Mortimers mit Benzin und sein nackter Vergewaltigungsversuch der Maria Stuart. Schlimmer noch erscheint die Intention des Regisseurs, die dem Publikum buchstäblich ins Gesicht schlägt und auf die ein Kritiker der Aufführung am Schluß seiner Rezension hinweist: „Das Buh- und Pfeifkonzert am Schluß genoß der Reggisseur sichtlich: es war offenbar beabsichtigt." (Rez. in der „Welt" im August 1980)
Es ist nicht unsere Aufgabe, uns mit der Frage zu beschäftigen, wieweit in diesen psychopathischen und sexuellen Exhibitionen, denen die Schauspieler unterworfen werden, die heute so viel bemühte „Menschenwürde" verletzt wird, obwohl wir meinen, daß an dieser Frage nicht vorbeigesehen werden darf. Uns ging es hier darum, zu zeigen, wie Regisseure dieser Art — und Heisings Beispiel, wenn auch besonders spektakulär, kann beliebig erweitert werden — mit den Klassikern im allgemeinen und mit Schiller im besonderen auf der deutschen Bühne der Gegenwart umzugehen pflegen. —

ZEITTAFEL

1759	Friedrich Schiller als 2. Kind des Wundarztes Johann Kaspar Schiller u. s. Ehefrau Elisabeth Dorothea Schiller geb. Kodweiß in Marbach geboren.
1764-66	Die Familie Schiller in Lorch. Elementarunterricht des Sohnes bei Pfarrer Moser.
1766	Übersiedlung der Familie Schiller in die Garnison Ludwigsburg.
1767	Schillers Eintritt in die Lateinschule der Stadt
1773-80	Schiller in der militärischen Pflanzschule des Herzogs (der späteren Hohen Karlsschule), zunächst auf der Solitude, 1775 Verlegung der Akademie nach Stuttgart.
1775	Übergang zum Studium der Medizin.
1777	Entstehung der ersten Szenen der „Räuber“.
1780	Ausarbeitung der „Räuber“ November: Druck der zweiten Dissertation „Über den Zusammenhang der tierischen Natur des Menschen mit seiner geistigen. Dezember: Entlassung aus der Karlsschule. Schiller als Regimentsmedikus beim Regiment Augé in Stuttgart.
1781	Entstehung der „Laura-Oden“. Erscheinen der „Räuber“ im Selbstverlag. Umarbeitung der „Räuber“ für die Bühne.
1782	Januar: Aufführung der „Räuber“ in Mannheim mit großem Erfolg. Schiller wohnt der Erstaufführung ohne Urlaub bei. Frühjahr: Schillers Gedichtsammlung „Anthologie auf das Jahr 1782“ erscheint. — Arbeit am „Fiesko“. — Mitherausgabe des „Wirtembergischen Repertoriums der Literatur.“

Juli. 14 Tage Arrest wegen neuer unerlaubter Reise nach Mannheim. Der Herzog verbietet Schiller das ,,Komödienschreiben". 22. September. Schillers Flucht mit seinem Freunde Andreas Streicher.

Oktober-Anfang Dezember: Kurzer Aufenthalt in Mannheim und Frankfurt. Aufenthalt — inkognito — in Oggersheim.

1782-83	Dezember-Juli. Schiller auf Einladung seiner Gönnerin Henriette von Wolzogen in Bauerbach. Thüringen
1783	,,Kabale und Liebe" (Luise Millerin) beendet. — Arbeit am ,,Don Carlos" — 24. Juli: Aufbruch nach Mannheim.
1783-84	1. September-31. August. Kontrakt mit Dalberg über eine Verpflichtung als Theaterdichter. Schwere Erkrankung.
1784	,,Fiesko" und ,,Kabale und Liebe", letzteres mit großem Erfolg, aufgeführt. — Vorbereitung der ,,Rheinischen Thalia". — Antrittsrede vor der Deutschen Gesellschaft, späterer Titel: ,,Die Schaubühne als eine moralische Anstalt betrachtet". Ende August. Schillers Kontrakt wird von Dalberg nicht erneuert. Dezember. Karl August verleiht den Titel eines Rates.
1785-87	April-Juli 1787. Schiller als Gast Gottfried Körners in Leipzig und Dresden.
1785	Schiller bezieht das Weinberghaus Körners bei Loschwitz a. d. Elbe. — Fortsetzung der Thalia. — ,,An die Freude" — Arbeit am ,,Don Carlos" und am ,,Geisterseher".
1787	,,Don Carlos" erscheint bei Göschen in Leipzig.

1787-88	Juli-Mai. Aufenthalt Schillers in Weimar. Verkehr mit Charlotte v. Kalb, Herder, Wieland, Knebel, Corona Schröter. August. Kurzer Aufenthalt in Jena. — Dezember: In Rudolstadt: Aufenthalt bei der Familie v. Lengefeld: erste Bekanntschaft mit den Töchtern Caroline und Charlotte.
1788	Fortgesetzte Arbeit an der „Geschichte des Abfalls der Niederlande von der spanischen Regierung". Erscheinen im Herbst. „Die Götter Griechenlands" in Wielands „Teutschem Merkur". — 7. September. Erste Begegnung mit Goethe 15. Dezember. Berufung als a. o. Professor für Geschichte
1789	nach Jena. Mai. Übersiedlung nach Jena. 26. Mai. Erste, berühmt gewordene Vorlesung: „Was heißt und zu welchem Ende studiert man Universalgeschichte?" — Weitere Vorlesungen. August. Aufenthalt in Leipzig. Verlobung mit Charlotte v. Lengefeld. November. Buchausgabe des „Geistersehers". Schillers Freundschaft mit Humboldt.
1790	Januar. Schiller erhält den Hofratstitel. Trauung mit Ch. v. Lengfeld. September. Beginn des Erscheinens von Schillers Schrift: „Geschichte des dreißigjährigen Krieges". Oktober. Die französische Nationalversammlung erteilt Schiller das Bürgerrecht.
1791	Ernste Erkrankung Schillers. Beginn des Kantstudiums. Dezember. Friedrich Christian von Augustenburg und Graf Ernst von Schimmelmann bieten dem Dichter eine dreijährige Pension auf Veranlassung des

Dichters Jens Baggesen. August. I. Teil der ,,Kleinen Prosaischen Schriften'' erscheint.

1792 Fortsetzung des Kantstudiums. Krankheit.

1793 Ästhetische Schriften. ,,Die Kalliasbriefe''., ,,Über Anmut und Würde''. ,,Über das Erhabene''.

1793-94 August-Mai. Schiller in Schwaben. Aufenthalte in Stuttgart und Tübingen. Verlagsbeziehungen zu Cotta. Mai. Rückkehr nach Jena. Sommer. Gespräch mit Goethe über die Urpflanze leitet die Freundschaft zwischen Goethe und Schiller ein. September. Aufenthalt Schillers in Weimar bei Goethe.

1795 Erscheinen der ersten Nummer der Horen: Schillers Briefe ,,Über die ästhetische Erziehung des Menschen''. In den nächsten Heften: Über naive und sentimentalische Dichtung. Elegie ,,Der Spaziergang''.

1796 Herausgabe des Musenalmanachs. Darin erschienen: Schiller u. Goethe: Xenien (1797) — Arbeit am ,,Wallenstein'' begonnen.

1797 Balladenjahr. ,,Der Taucher'', ,,Der Handschuh'', ,,Die Kraniche des Ibykus'' u.a.. (Veröffentlichung der Balladen im Musenalmanach 1798)

1798 Weitere Balladen. — Fortsetzung der Arbeit am ,,Wallenstein''.

1799 ,,Wallenstein'' beendet. — Arbeit an ,,Maria Stuart''. September. ,,Das Lied von der Glocke''.

1799-1805 Übersiedlung Schillers nach Weimar. Shakespeares Macbeth für die Bühne bearbeitet. Juni. ,,Maria Stuart'' beendet. — Beginn der Arbeit an der ,,Jungfrau von Orleans''.

1801 ,,Jungfrau von Orleans" beendet. — Bearbeitung der ,,Turandot" nach Gozzi.

1802 Plan des ,,Wilhelm Tell". Arbeit an der ,,Braut von Messina". Schiller wird geadelt.

1803 Beendigung der ,,Braut von Messina". Arbeit am ,,Tell".

1804 Abschluß des ,,Wilhelm Tell". Plan des ,,Demetrius". April-Mai. Schillers Berliner Reise. November. ,,Huldigung der Künste".

1805 Racines ,,Phädra" für die Bühne bearbeitet. — Fortführung des ,,Demetrius".
9. Mai. Schillers Tod.

I. „Maria Stuart"

Entstehung und Bauform der Tragödie

Schon in den 80ger Jahren — nach Abschluß von „Kabale und Liebe" — beginnt Schiller, historisches Material für ein Stuart-Drama zu sammeln, läßt aber den Plan zugunsten von „Don Carlos" wieder fallen. Erst nach Beendigung der „Wallenstein-Trilogie" — 1799 — nimmt er ihn wieder auf und beginnt, sich sehr intensiv damit zu befassen, fasziniert von der besonderen „tragischen Qualität des Stoffes". Er schreibt darüber an Körner am 8. Mai 1799: „Jetzt bin ich gottlob wieder auf ein neues Trauerspiel fixiert, nachdem ich 6 Wochen zu keiner Resolution kommen konnte. ... Ich hoffe am Ende des Winters allerspätestens damit fertig zu sein, denn fürs erst ist der Gegenstand nicht so widerstrebend wie Wallenstein, und dann habe ich an diesem das Handwerk mehr gelernt." Die Formulierung von dem inzwischen „gelernten Handwerk" kennzeichnet Schillers vorsichtige und lange Zeit sehr unsichere Selbsteinschätzung: nur ein Geist von so hohem Rang, der — wie Schiller — unablässig um dramatische Probleme bemüht war, konnte sich selbst so bescheiden dem höchsten Maßstab unterwerfen. —
Zu Ursprung und Entstehung des Stuart-Dramas geben Briefe und Kalendernotizen verhältnismäßig knappe Auskunft. Zwecks Übersicht über die Datierung lassen wir hier die Eintragungen in den Kalenderjahren folgen:

1799

26. April Maria Stuarts Geschichte angefangen zu studieren.

24. Junius Maria angefangen auszuarbeiten.
24. Julius Erster Akt der Maria fertig
25. Julius Zweiter angefangen.
26. August Zweiter Akt der Maria fertig
27. August Dritter Akt der Maria Stuart angefangen.
3. September Pause in der Maria bis 1. Oktober
16. September Goethe die 2 ersten Akte der Maria vorgelesen.
30. September Wieder zur Maria gegangen.

1800
11. May Habe ich die Schauspieler bei mir gehabt und 4 Akte der Maria Stuart vorgelesen.
16. May Habe den V. Akt der Maria vorgenommen.
23. May Leseprobe von den vier ersten Akten der Maria Stuart
29. May Schauspieler hier gewesen
9. Junius Maria Stuart geendigt.
14. Junius Maria Stuart zum erstenmal gespielt.
16. Junius Maria zum zweitenmal.

(Schillers Calender. Nach dem im Jahre 1865 erschienenen Text ergänzt und bearbeitet von Dr. Ernst Müller. Stuttgart: Cotta 1893)

In den Briefen Schillers wird die Arbeit an der „Maria Stuart" stellenweise ausführlicher kommentiert: wir erfahren etwas über die Formprobleme, die ihn bei der Dramatisierung des Stoffes bewegen. Am 26. April 1799 meldet er Goethe die Entdeckung einiger „tragischer Hauptmotive", die ihm an diesem Stoff aufgegangen sei. Im gleichen Brief fügt er hinzu: „Besonders scheint er sich zu der Euripidischen Methode, welche zu der vollständigen Darstellung des Zustandes besteht, zu qualifizieren, denn ich sehe eine Möglichkeit, den ganzen Gerichtsgang zugleich mit allem Politischen auf die Seite zu bringen, und die Tragödie mit der Verurteilung anzufangen." Was er im Hinblick auf die ,,Euripidische Methode" meint, verdeutlicht ein späterer Brief an Goethe vom 18. Juni 1799: ,,Ich fange schon jetzt an, bei der Ausführung mich von der eigentlich tragischen Qualität meines Stoffes immer mehr zu überzeugen, und darunter gehört besonders, daß man die Katastrophe gleich in den ersten Szenen sieht, und indem die Handlung des Stückes sich davon wegzubewegen scheint, ihm immer näher und näher geführt wird." Die ,,tragische Qualität" einer so beschaffenen Fabel hatte er nicht nur bei Euripides, sondern schon an Sophokles' ,,Oedipus Rex" bewundert und hatte — in einem Brief an Goethe vom 2. Oktober 1797 — die Vorteile, die aus einer derartigen ,,tragischen Analysis" für dem Dramatiker erwachsen, als ,,unermeßlich" bezeichnet. Die von Schiller so klar definierte dramatische Methode der ,,tragischen Analysis" wird in seinem Stuart-Drama poetisch gestaltet. —

Es gibt kaum eine Abweichung von der allgemeinen Überzeugung, daß die Tragödie der schottischen Maria ein Meisterstück dramatischer Technik ist, — das in der Bauform regelmäßigste der Schillerschen Bühnenwerke und zugleich eines der vollkommensten Theaterstücke der Weltliteratur. An Symmetrie des Aufbaus, an spannungsreichem Gegeneinander der Figuren, an Präzipitation der Handlung gibt es in einem Drama kaum ähnliches. Der ,,prägnante Moment" — der Urteilsspruch, der schon im I. Akt mitgeteilt wird und nach Vollzug drängt — verleiht der

Handlung ein starkes Gefälle zum Ende hin. Eminent dramatisch wirken die retardierenden Elemente: die Hoffnung auf Rettung durch das Auftreten Mortimers in Verbindung mit Leicesters Überredung Elisabeths zu einer Begegnung der Königinnen.
Gerade in diesem ironischen Gegeneinander des Geschehens sah Schiller die ,,tragische Qualität'' des Stoffes, ,,daß man die Katastrophe gleich in den ersten Szenen sieht, und indem die Handlung des Stücks sich davon wegzubewegen scheint, ihr immer näher und näher geführt wird.'' Die Konzentration des dramatischen Geschehens auf die drei letzten Lebenstage der Heldin gibt zugleich im Rückblick Einsicht in die düstere und schuldbeladene Jugendzeit der Maria, — ein wichtiges Motiv für die Schuldfrage im Drama, wie sie im V. Akt — in der Beichtszene — entfaltet wird. —
Der I. Akt ist ganz der Gestalt der Maria Stuart gewidmet. Er bringt die Exposition, indem er die Vorgeschichte entwickelt, Einsicht in die fragwürdige Rechtslage des Prozesses gewährt, zugleich aber durch den ,,prägnanten Moment'' (Urteilsverkündung) die Handlung des Dramas in Gang setzt. In Rückwirkung auf das vorwärtstreibende Geschehen dient die erfundene Gestalt des Mortimer als retardierendes Element. Schon im I. Akt werden die politischen Gegensätze im Streit der Königinnen sichtbar. Der II. Akt ist — in symmetrischer Anordnung — der Gestalt der englischen Königin gewidmet. Schiller entfaltet hier — im Kontrast zu der düsteren und kargen Atmosphäre, die Maria in ihrem Gefängnis umgibt — den vollen Glanz und Ruhm des englischen Thrones, von dem Elisabeth umgeben ist. Aber Schiller beleuchtet im II. Akt nicht allein die Funktionen der

Höflinge Burleigh, Talbot und Leicester, er entfaltet zugleich das Motiv des Scheins in der Gestalt der Elisabeth, wie es in dem tückischen Mordplan (mit Hilfe Mortimers) und in ihrem Verhalten gegenüber Leicesters Plan der Begegnung mit der Stuart deutlich in Erscheinung tritt.

Der III. Akt, in dem Schiller (wie es in anderen Stuart-Dramen vor ihm geschieht) durch die Begegnung der Königinnen von der Geschichte abweicht, verbindet beide Handlungslinien miteinander. Nach Schillers eigener Auffassung hatte er mit diesem Auftritt (III, 4) das ,,punctum saliens'' seiner Tragödie gefunden. Die Paradoxie dieser Szene liegt darin, daß Maria sich selbst den Weg zur Rettung endgültig zerstört. Dieser III. Akt, den man die Achse des Dramas genannt hat, nimmt — im Anfangsteil — formal eine Sonderstellung ein. Wir haben es in der 1. Szene des Aktes mit vier Liedern im geschlossenen Drama zu tun: ,,Laß mich der neuen Freiheit genießen'', ,,Eilende Wolken!'', ,,Dort legt ein Fischer seinen Nachen an'' und ,,Hörst du das Hifthorn''. Es handelt sich hier um vier fast gleich lange Gedichte, die durch den lyrischen Schwung, durch Versmaß und Reim vom jambischen Dialog, in dem sie eingebaut sind — deutlich abgesetzt sind. Die Bauform der Szene, im Wechsel von dramatischem Dialog und hymnischen Liedformen, ist konsequent durchgeführt. Die lyrischen Einlagen spiegeln — in Rhythmus und Wortwahl — den Zustand des Außer-Sich-Seins der Heldin. Sie haben die dramatische Bedeutung, in der Ekstase des Freiheitsgefühls, die tragische Selbsttäuschung in der Seele der Heldin offen darzulegen: Ausdrücke wie ,,schwärmen'', ,,träumen'', ,,süßer Wahn'' u.a. geben diese Empfindung wieder. In ihnen ist Maria auf dem höchsten Gipfel trügerischer Hoffnung, von dem sie dann am Ende der nächsten Szene in den tiefsten Abgrund der Verzweiflung abstürzen wird. Strukturell betrachtet, bereitet die lyrische Szene die dramatische vor: die aufgelockerte Form zu Beginn des III. Aktes ist somit vom ganzen her motiviert und bestimmt. –

Schiller folgt auch im IV. Akt einem symmetrischen Plan: dieser ist wieder ausschließlich der englischen Königin gewidmet. Im Ablauf des Geschehens folgen hier die zur Katastrophe hindrängenden Ereignisse: die vereitelte Verschwörung von Marias Helfern, der Tod Mortimers, der Verrat Leicesters und Burleighs entschlosseneres Handeln, das zur entscheidenden Tat drängt. Im Mittelpunkt des IV. Aktes steht Elisabeths Schwanken im Hinblick auf die Unterzeichnung des Todesurteils, das selbst nach dem Vollzug der Unterschrift erst in der Hand Burleighs zur Konsequenz der Tat wird. – Mit dem Ende des IV. Akts ist der Untergang der Maria besiegelt.

Der V. Akt kann somit an äußerer Spannung nichts Neues bringen. Dennoch kann sich niemand dem Eindruck entziehen, daß das Drama im Tode der Maria gipfelt. Es geht hier darum, wie in der Seele der Maria die äußere Notwendigkeit des Schicksals zu einer freien Entscheidung des eigenen Willens erhoben wird. –

DIE KONFIGURATION DER GESTALTEN

A. Die Hauptfiguren

Maria, der „gemischte Charakter"

Schiller, dessen Briefe zeigen, wie sehr er mit dem Bewußtsein gearbeitet, wie viel er — unter dem Einfluß der Griechen und Shakespeare — über dramatische Formprobleme nachgedacht hat, gibt auch zu der Hauptgestalt seines Stuart-Dramas gewissermaßen einen theoretischen Modellcharakter an, den er in einem Brief vom 16. Juni 1799 an Goethe folgendermaßen beschreibt: ,,Meine Maria wird keine weiche Stimmung erregen, es ist meine Absicht nicht, ich will sie immer als ein physisches Wesen halten, und das Pathetische muß mehr eine allgemeine tiefe Rührung als ein persönliches und inviduelles Mitgefühl sein. Sie empfindet und erregt keine Zärtlichkeit, ihr Schicksal ist nur, heftige Passionen zu erfahren und zu entzünden. Bloß die Amme fühlt Zärtlichkeit für sie." Das Wort ,,Zärtlichkeit" wird hier definiert, indem es durch das Verhalten der Kennedy gegenüber Maria veranschaulicht wird: Anhänglichkeit, Ergebenheit, Treue. Liebe und Opferbereitschaft umschreiben das von Schiller gebrauchte Wort ,,Zärtlichkeit". Der Gegensatz dazu ist ,,Passion": er ist im Bereich des Physischen und Stofflichen angesiedelt. Von der Gestalt der Maria geht ein Zauber der Schönheit aus, der unwiderstehlich und dämonisch ist. Als leidenschaftliche, oft von Täuschungen verführte Frau ist sie — nach der Schillerschen Konzeption — ein ,,physisches Wesen" und als solches wird sie ,,keine weiche Stimmung" erregen, heißt es in den o.

bereits vollständig zitierten Werkstattnotizen, in denen Schiller sich — wie es seine Art ist — über sein Dichten und Denken Rechenschaft zu geben versucht. Jedoch überhören wir an dieser Stelle nicht die Formulierung ,,es ist meine Absicht nicht'' und betrachten von diesem Aspekt aus die Gestalt der Maria im Drama.

Wenn wir uns die Wirkung vergegenwärtigen, die Maria bereits bei der ersten Theateraufführung in Weimar und von da an über ein Jahrhundert hinweg sogar bis in unsere Tage hinein auf die Zuschauer ausgeübt hat, möchten wir uns fast herausnehmen, Schiller eines Besseren zu belehren: Welche poetische Wirkung über jede theoretische Absicht hinaus dennoch erreicht wird, muß nicht mit vorherigen Intentionen übereinstimmen. Auch ein Dichter kann seine Wirkung nicht immer vorausberechnen, seine Theorien sind keineswegs immer Voraussetzungen seiner Gestaltung. Das gilt z. B. für die Gestalt Phillips in Schillers ,,Don Carlos'', dessen poetische Wirkung von Schillers theoretischen Absichten deutlich abweicht, das gilt — in unserer Sicht — auch von der Gestalt der Maria Stuart. Hier finden wir bei Emil Staiger Bestätigung: ,,Im übrigen bestimmt die ,,Größe'' und ,,Tiefe'' der Gegenstände sich keineswegs nach ihrer Dignität im Rahmen von Schillers Philosophie, sondern allein nach ihrer Macht über die Gemüter . . .''.[6]) Für kaum ein Drama gilt das so sehr wie für ,,Maria Stuart''. —

In Schillers Briefen finden sich im ganzen nur wenige, ziemlich lakonische Notizen über Gestalten und Fortgang des Stuart-Dramas. Vordergründig sind es dra-

[6]) Emil Staiger, Schiller, Zürich: Atlantis Verlag 1967, S. 408

maturgische Probleme, die ihn beschäftigen. Nur zu der Gestalt der Heldin selbst — neben einer sehr kurzen Notiz über Elisabeth — gibt es in Schillers Briefen einige theoretische Ausführungen, die sich mit dem „gemischten Charakter" befassen und die auf die Gestalt der Stuart ebenso wie auf die Figur des Wallenstein zu beziehen sind: Edle Helden sind gefährlich für das reine tragische Kunstwerk, weil sie „stoffartig" interessieren: verbrecherische, gemeine finden nicht die nötige Sympathie. Schiller wählt darum gern moralisch anfechtbare Gestalten und beleuchtet sie nachträglich so, daß der Leser und Zuschauer geneigt ist, ihnen trotz ihrer moralischen Fragwürdigkeit seine Sympathie zuzuwenden. Der Begriff „stoffartig" findet sich häufig in Schillers Briefen an Körner; er bezeichnet das unmittelbare Angesprochensein durch einen Gegenstand, von dessen Existenz man auf diese Weise abhängig ist. Das „Umfangensein vom Stofflichen" veranschaulicht Schiller in seinem Gedicht „Das Ideal und das Leben", das erstmals unter dem Titel „Das Reich der Schatten" im 9. Stück der Horen veröffentlicht wurde. Staiger weist darauf hin, daß hier nicht an ein schattenhaftes Dasein im jenseitigen Hades gedacht sei. Uns Lebende — so deutet es Schillers Konzeption an dieser Stelle, umfließt der Styx, — uns, die wir nach irdischer Speise lüstern sind, droht Proserpinas Los, die Hoffnung hatte, zur Oberwelt zurückzukehren, solange sie nach den Früchten jener Gebilde begehrte und die diese Hoffnung verscherzte, als sie nach dem Apfel griff. „In Schillers philosophischer Sprache würde das heißen: Proserpina erleidet eine „stoffartige Wirkung", eine unmittelbare, der Aufsicht ihres Geistes entzogene Vermischung mit der sinnlichen Sphäre, wie sie sich immer ereignet, wenn wir uns von einem Reiz bezaubern, zu einem Genuß hinreißen lassen, bevor die Vernunft ihr Urteil gesprochen und festgestellt hat, daß er mit ihren über den Augenblick erhabenen Forderungen vereinbar sei."[7])

Die schottische Königin in Schillers Drama entspricht einer solchen Vorstellung des „gemischten Charakters", der eine „stoffartige" Wirkung ausübt und der — nach Schillers philosophischer Konsequenz — in der „reinen Tragödie" keine Teilnahme erregen kann. Ihre Vergangenheit vor allem widerspricht diametral dem Bild des edlen Helden — etwa im Sinne von Max Piccolomini —: sie hat ein sittenloses Leben geführt, war an der Ermordung ihres eigenen Gatten beteiligt und hat sich mit seinem Mörder vermählt. Schiller verschweigt im Drama keine ihrer Sünden: wir hören sie von Marias Feinden bei jeder Gelegenheit und in den schwärzesten Farben. Die schärfste Anklägerin aber ist Maria selbst. Schon im I. Akt weist sie die Beschönigungen der Amme zurück, verteidigt sich nicht gegen die Anschuldigungen im Hinblick auf die Leichtfertigkeit ihrer Jugendjahre und ergreift — in der Beichtszene im V. Akt — noch einmal die Gelegenheit, diese Verfehlungen offen vor Gott zu bekennen. Hat aber Schiller recht, wenn er von ihr behauptet, sie werde „keine weiche Stimmung" erregen? Sicherlich nicht! Denn Maria erweckt, entgegen der Absicht des Dichters, eben doch eine „weiche Stimmung". Storz[7]) begründet diese Divergenz von Absicht und Gestaltung aus der dramatischen Struktur und sucht die Ursache in der Anwendung der analytischen Methode. Denn alle Verfehlungen, die Schiller

[7]) Emil Staiger, Friedrich Schiller, a.a.O., S. 318

unter dem Begriff „physisches Wesen" einordnet, liegen vor der eigentlichen dramatischen Handlung: sie werden lediglich berichtet. So häufig und so gehässig dies auch geschieht, auf der Bühne steht eine durch Leiden geläuterte Frau von wahrhaft königlicher Fassung. So kommt es dazu, daß Spiel und Gegenspiel sich nicht ganz ausbalancieren: Während Elisabeth von Akt zu Akt immer mehr ins Unrecht gerät, gewinnt Maria jene Größe, auf die Hofmannsthal in seinem Schiller-Essay hinweist („Das Hinausgehen Marias zum Tode, an Leicesters Arm.") und die ihr die Teilnahme, ja die Bewunderung des Zuschauers sichert.

Zu der Frage, ob Maria Stuart bis zum Schluß als „physisches Wesen" erhalten bleibt und damit der Charakter des Läuterungsdramas — wie Beck[8]), aber vor allem Sautermeister[9]) behaupten, aufgehoben wird — muß der V. Akt des Dramas betrachtet werden. Hier — so sind wir einer Meinung mit Benno v. Wiese — realisiert sich Schillers Auffassung des Todes als Inbegriff äußerster Vergänglichkeit des Menschen, in dem er zugleich den äußersten Grand der Transzendierung alles Endlichen darstellt. „Sie geht dahin, ein schon verklärter Geist", — das läßt Schiller im Drama sagen und meint es auch so. Angesichts dieser eindeutigen dichterischen Aussage — und wir haben kein Recht, sie nicht wörtlich zu nehmen — wirkt die Ableugnung der Maria Stuart als „Läuterungsdrama" als psychologisierende Haarspalterei und gesuchte „neue Interpretation" um jeden Preis.

8) Adolf Beck, Maria Stuart, in: Das dt. Drama, hrsg. v. B. v. Wiese. Aug. Bagel Verl. Düsseldorf 1968, S. 307-324

9) vgl. Gert Sautermeister, Schiller „Maria Stuart". In: Schillers Dramen. Neue Interpretationen, Stuttgart 1979, S. 174-217

Marias Abkehr und Abschied vom Leben im V. Akt zeigen sie in jenem Zustand der Unerschütterlichkeit („Werft die Angst des Irdischen von euch") und heldenhaften Selbstüberwindung, der in den Worten Kennedys zum Ausdruck gebracht wird:

„Seid ohne Furcht! Maria Stuart wird
Als eine Königin und Heldin sterben." (V, 1)

Es geht hier keineswegs um ein repräsentatives Sterben einer Königin im äußeren Sinn — der letzte irdische Glanz: das weiße Kleid, das Diadem, Rosenkranz und Kruzifix sind als Abschied vom Leben gemeint, als himmlische Verklärung und Befreiung aus dem Kerker des Irdischen, als Aufstieg der Seele zur „ewigen Freiheit". Der Tod, bisher gefürchtet, erscheint nun als „der ernste Freund".

„Mit seinen schwarzen Flügeln
Bedeckt er meine Schmach — den Menschen adelt,
Den tiefstgesunkenen, das letzte Schicksal.
Die Krone fühl ich wieder auf dem Haupt.
Den würd'gen Stolz in meiner edeln Seele!" (V, 6)

Erst im Tode gewinnt diese alles andere als ideale Gestalt ihre tragische Erhöhung und Verklärung. Bezeichnenderweise soll Schiller gesagt haben, daß die vergangene Blutschuld der Maria sich im Verlauf des Dramas allmählich verringere. (Gespräch mit Amalie Vogt, in: Petersen, S. 294) Umgekehrt — so fügen wir hinzu — erscheint die große Gegnerin, in den Augen der Welt im Recht — mehr und mehr unter dem Aspekt einer sittlichen Abwertung und menschlichen Vereinsamung. Talbots Worte: „Ich habe deinen besseren Teil nicht retten könne" bezeichnen die gegensätzliche Situation zum physischen Untergang der

Maria, der zugleich die Errettung ihres ,,edleren Teils" bedeutet. Der vom Schicksal verhängte Zwang zum Tode verwandelt sich in Marias Seele zu einem freien Willensakt, indem sie die Strafe für etwas, was sie nicht getan hat (Verschwörung gegen die englische Königin), freiwillig für ihre frühe Blutschuld erleidet:

> ,,Gott würdigt mich, durch diesen unverdienten
> Tod
> Die frühe schwere Blutschuld abzubüßen."
> (V. 7)

Benno v. Wiese weist darauf hin, daß diese exakte Trennung in der Schuldfrage sich keineswegs eindeutig aus den historischen Quellen ergab.[10]) Umso wichtiger muß sie im Drama genommen werden. Um diese Trennung völlig klar zu machen, bedient sich Schiller in der Szene mit dem zum Priester geweihten Melvil der Beichte auf der Bühne und macht gewissermaßen die Zuhörerschaft zum unbestechlichen Tribunal. Es ist eine jener dramatischen Prüfungen, der die Seele unterworfen wird und in der das Drama zum höchsten Gericht wird, in dem jeder Zweifel getilgt wird:

> **Melvil.** Denk' an die Nähe des Allwissenden!
> Der Strafen denke, die die heil'ge Kirche
> Der mangelhaften Beichte droht! das ist
> Die Sünde zu dem ew'gen Tod, denn das
> Ist wieder seinen heil'gen Geist gefrevelt.
> **Maria.** So schenke mir die ew'ge Gnade Sieg
> Im letzten Kampf, als ich dir wissend nichts
> verschwieg.
> **Melvil.** Wie? Deinem Gott verhelst du das
> Verbrechen,
> Um dessentwillen dich die Menschen strafen?

[10]) vgl. B. v. Wiese, Schiller, a.a.O. S. 726

Du sagst mir nichts von deinem blut'gen Anteil
An Babingtons und Parrys Hochverrat?
Den zeitlichen Tod stirbst du für diese Tat,
Willst du auch noch den ew'gen dafür sterben?
Maria. Ich bin bereit, zur Ewigkeit zu gehn:
Noch eh sich der Minutenzeiger wendet,
Werd' ich vor meines Richters Throne stehn:
Doch wiederhol' ich's: Meine Beichte ist
vollendet. (V, 7)

Hier ist wahrhaftig das geschehen, was in dem Gedicht „Das Ideal und das Leben" als höchste Möglichkeit der Freiheit gepriesen wird:

„Nehmt die Gottheit auf in euren Willen,
Und sie steigt von ihrem Weltenthron."

Neben dieser funktionalen Bedeutung, die Wahrheit ans Licht zu bringen, werden die sakralen Vorgänge zur Repräsentanz des Heiligen, in dessen Bereich die Seele sich vom Irdischen, Stofflichen abwendet und sich dem Himmlischen entgegen hebt. Wie notwendig Schiller gerade diese sakralen Vorgänge von Beichte und Kommunion auf der Bühne erachtet hat, beweist sein Widerstreben, davon Abstand zu nehmen, als öffentlich daran Anstoß genommen wurde. Er sah sie nicht konfessionell, sondern dramaturgisch, — zur Prüfung der Seele seiner Heldin und zum Zeichen ihres Triumphes über alle menschliche Schwachheit. —

Das „Motiv des Scheins" in der Gestalt der Elisabeth

Hofmannsthal hat einmal Schillers Menschengestaltung folgendermaßen charakterisiert: „Die Sprache riß über das hinweg, was in den Figuren nicht ganz in sich übereinstimmend, oft beinahe zweideutig war."[11]) Es gibt sicherlich einige Gestalten seiner Dramen, für die dieses Wort zutrifft, – z. B. für Phillip im „Don Carlos" und bis zu einem gewissen Grade auch auf die englische Königin in „Maria Stuart". – Wir haben schon im vorigen Kapitel darauf hingewiesen, daß Spiel und Gegenspiel im Sinne des „gemischten Charakters" seiner beiden Hauptfiguren nicht ganz so ausgewogen sind, wie es Schiller wohl beabsichtigt hat. Auf Elisabeth wird im Verlauf der dramatischen Handlung mehr und mehr belastendes Material gehäuft, das sie vor den Augen des Zuschauers ins Unrecht setzt, während sich die gefangene Maria zum Ende hin höher und höher erhebt und sich zum Schluß in einem heroischen Willensakt ganz aus dem Bann des Irdischen löst. –

Auch über Elisabeth findet sich in Schillers Briefwechsel mit Goethe (30. Juli 1799) eine Notiz, die auf einen Grundzug in ihrem Wesen hinweist: „Ich bin auch schon ganz ernstlich im Zweiten Akt bei meiner königlichen Heuchlerin." Das „Motiv des Scheins" tritt bereits in dieser Bemerkung bestimmend in den Vordergrund: es ist im Ablauf der Handlung eng verknüpft mit der Figur der Königin von England. –

Auf Elisabeth fällt erstes Licht schon zu Beginn des

[11]) Hugo v. Hofmannsthal, in: Einleitung zu „Schillers Selbstcharakteristik", Fischer Bücherei 1959, S. 8

Dramas: wir hören Anklagen gegen sie, ehe sie im II. Akt persönlich auftritt. Kennedy äußert sich bereits im 1. Auftritt (I, 1) als Anklägerin gegen sie, wenn sie sagt:

Kennedy. Gastfreundlich hätte England sie empfangen?

- - - - - - - - -

Da sie den Fuß gesetzt in dieses Land,
Als eine Hilfeflehende, Vertriebne,
Bei der Verwandten Schutz zu suchen kam,
Sich wider Völkerrecht und Königswürde
Gefangen sieht, in enger Kerkerhaft
- - - - - - - - - und schimpflich angeklagt
Auf Leib und Leben — eine Königin! (I, 1)

Mit dieser schweren Anschuldigung gegen Elisabeth beginnt das Drama: diese verletzt Königsrecht und Königtum, sie achtet nicht das königliche Blut. Reste der mittelalterlichen hohen Schätzung der Königswürde sind in diesen Worten noch spürbar: ähnlich fühlt sich Maria selbst in ihrem Königtum, das ihr trotz aller Schuld und Erniedrigung bleibt, von roher Gewalt verletzt: noch sieht sie sich — wenn auch entmachtet — in ihrer Majestät von Göttlichkeit umgeben. — Eng mit der Verletzung des Königstums ist das Motiv des Scheins schon in den ersten Szenen des Dramas verknüpft. Es wird deutlich auf Elisabeth bezogen, wenn Maria in einem jener hochpointierten Szenenschlüsse, wie Schiller sie liebt, leidenschaftlich ausruft:

,,Nicht vom Gesetze borge sie das Schwert,
Sich der verhaßten Feindin zu entladen,
Und kleide nicht in heiliges Gewand
Der rohen Stärke blutiges Erkühnen.
Solch Gaukelspiel betrüge nicht die Welt!

Ermorden kann sie mich, nicht richten!
Sie geb' es auf, mit des Verbrechens Früchten
Den heil'gen Schein der Tugend zu vereinen.
Und was sie ist, das wage sie zu scheinen." (I,7)

Im Verlauf des Dramas wird dieses Motiv an vielen Stellen aufgegriffen, besonders emphatisch in Mortimers Monolog:

„Geh, falsche, gleißnerische Königin!
Wie du die Welt, so täusch ich dich. . . . (II,6)

Die Charakterisierung in Worten wird durch ihre Taten wirkungsvoll unterstrichen: der Zuschauer wird zum Zeugen der tückischen Mordplanung, die die Königin dem Mortimer vorschlägt.

Der Gedanke des Scheins, der im menschlichen Geschick die Wahrheit verdeckt und in der Welt Verwirrung stiftet, ist in Schillers Dramen häufig anzutreffen: er spielt vor allem eine Rolle im „Wallenstein", in dem sich Max Piccolomini — selbst gegen den berechtigten Anspruch des eigenen Vaters — aus den Winkelzügen menschlicher Handlungen heraushebt: (Picc. V, 3) „Wofür mich einer kauft, das muß ich sein." Zum Problem wird das Motiv des Scheins auch in Schillers Fragment „Demetrius" (Bin ich das wirklich, oder hab ich mir das nur angemaßt?) Wenn von Wallenstein als dem großen Zauderer die Rede ist, so findet sich etwas auch davon im Charakterbild der englischen Königin. Das Schwankende und Entscheidungsschwache — in Burleighs Reden ist an einer Stelle vom „Zweifelmut" der Elisabeth die Rede (I, 8) wird schon erwähnt, ehe sie selbst auftritt und es in ihrem Verhalten und in ihren Äußerungen zum Ausdruck bringt. Bei Elisabeth hat aber das Schwanken einen anderen Grund als bei Wallenstein: sie scheut nur deshalb vor den Taten zurück, weil sie die Konsequenzen der Taten fürchtet und den Schein unter allen Umständen wahren will. Sie weiß, daß mit ihrer Position als Königin der ,,Gnade königliches Recht'' untrennbar verbunden gesehen wird, weswegen ein offenes Todesurteil im Falle der Stuart eine Verletzung der eigenen Königswürde bedeuten würde. Hier wiederum schimmert noch die mittelalterliche Auffassung des Königtums, wie sie bei Shakespeare in voller Wirksamkeit ist, durch: der ,,Königsmord'' ist nicht nur ein Angriff gegen einen Menschen, sondern gegen ein Amt, das als gottgegeben angesehen wird. Auch daß z. B. Maria von Elisabeth ,,unköniglich'' behandelt wird, ist ein Sakrileg. Zum Königtum gehört ,,Gnade'': deshalb sieht selbst Burleigh es als unmöglich an, daß die Königin vor ihrem Opfer erscheinen kann, ohne daß es Konsequenzen der ,,Gnade'' hat. ,,Milde'' gehört im Mittelalter auch zum Königtum, wie es z. B. Shrewsbury ausdrückt: ,,Sie zeigten an, daß Strenge nicht die Tugend der Königin soll sein in diesem Lande.'' (II, 3) Zusammenfassend sagt es Burleigh, welche politische Folgerung aus der Begegnung der Königinnen entstehen könnte:

,,- - - - - - - - -
Unwürdig ist der Majestät,
Das Haupt zu sehen, das dem Tod geweiht ist.
Das Urteil kann nicht mehr vollzogen werden,
Wenn sich die Königin ihr genahet hat,
Denn Gnade bringt die königliche Nähe — (II, 4)

Der II. Akt, der ganz der Elisabeth gewidmet ist, bringt — im Allegoriespiel der Franzosen, symbolisch den Angriff des französischen Königs auf die jungfräuliche Festung der Königin zum Ausdruck. Hier klingt ein Aspekt an, der Elisabeth Gelegenheit gibt, einen wesentlichen Zug ihres Wesens zu enthüllen. Sie weiß, daß das Volk ihre Vermählung will, und es ist gerade diese Forderung des Volkes, an der sich die Klage der jungfräulichen Königin entzündet: daß sie ihre Jungfräulichkeit, ihr ,,höchstes Gut" für ihr Volk aufopfern soll. Es folgt die bemerkenswerte Stelle, die in ihrer Schlußwendung einen emanzipitatorischen Aspekt berührt:

,,Wohl weiß ich, daß man Gott nicht dient, wenn man
Die Ordnung der Natur verläßt, ...
. . . .
Doch eine Königin, die ihre Tage
Nicht ungenützt in müßiger Beschauung
Verbringt, die unverdrossen, unermüdet
Die schwerste aller Pflichten übt, die sollte
Von dem Naturzweck ausgenommen sein,
Der eine Hälfte des Geschlechts der Menschen
Der andern unterwürfig macht — (II, 2)

Schiller, der großes Verständnis hat für den Trieb des Jungfräulichen (s. ,,Jungfrau von Orleans"), läßt hier offensichtlich den ,,Schein" von Elisabeth abfallen und ihre wahre Natur offenbar werden. Das gleiche Motiv wird noch einmal in leidenschaftlicher Steigerung in Elisabeths großem Monolog im III. Akt (10) aufgegriffen, diesmal weniger vom Standpunkt der Frau als vielmehr vom Standpunkt der Königin aus gesehen:

,,O Sklaverei des Volksdiensts! Schmähliche
Knechtschaft — Wie bin ich's müde, diesem Götzen
Zu schmeicheln, den mein Innerstes verachtet!
Wann soll ich frei auf diesem Throne stehn!
- - - - - - - -

O, der ist noch nicht König, der der Welt
Gefallen muß! Nur der ist's, der bei seinem Tun
Nach keines Menschen Beifall braucht zu
fragen."

Es ist die Kehrseite der Macht, ihr doppelseitiges Antlitz, das hier von Elisabeth beschworen wird. Mehr noch als bei ähnlicher Äußerung im Staatsrat fällt — in dieser monologischen Rede — aller Schein von Elisabeth ab.

Anders verhält es sicht in jenen Szenen, die sich mit dem Vollzug des Todesurteils an Maria befassen. Wichtig im Hinblick auf den zwielichtigen Charakter der Elisabeth ist die 3. Szene im II. Akt, als Burleigh als Krönung des festlichen Tages das Haupt der Stuart fordert. Elisabeths Reaktion auf diese Forderung ist scheinheilig:

„Doch diese Weisheit, welche Blut befiehlt,
Ich hasse sie in meiner tiefsten Seele." (II, 3)

Daß dies ein Rollenspiel ist, erfahren wir frühestens dann in der Szene zwischen Elisabeth und Mortimer (II, 5), in der die Königin den Jüngling für den Meuchelmord an Maria gewinnen will. Diese Abweichung des Wortes von der Tat klärt mit Sicherheit die Frage für den Zuschauer, ob Elisabeths Zögern von Menschlichkeit diktiert wird oder ein Scheinmanöver ist. Talbot allerdings durchschaut es nicht, — er handelt mit der Gutgläubigkeit des rechtdenkenden Menschen, als er sie zum Guten überreden will. Shrewsbury ist die reinste Figur im Drama, — er dient keinerlei Eigennutz, darin der Gestalt des Max Piccolomini im „Wallenstein" vergleichbar. Wie jener hat er keine besondere Menschenkenntnis, sonst hätte er schwerlich Elisabeths Eifersucht durch den Preis von Marias Schönheit gereizt. Hier wie oft bei Schiller ist es gerade das Bestreben, etwas für Marias Rettung zu tun, das — in ironischer Wendung — das Gegenteil bewirkt und ihren Untergang beschleunigt. Das zeigt Elisabeths negative Reaktion:

„Ein warmer Anwalt ist Graf Shrewsbury
Für meine Feindin und des Reichs. Ich ziehe
Die Räte vor, die meine Wohlfahrt lieben." (II, 3)

Dies ist umso folgenschwerer, da Elisabeth sich zunächst an ihn, als an den reinsten und uneigennützigsten ihrer Höflinge um Rat gewendet hat. Schiller nimmt hier zum Anlaß, durch Talbots Mund seine Konzeption von der Freiheit des Menschen zu deklarieren und sie Elisabeth in diesen entscheidenden Augenblicken entgegenzuhalten:

„Sag' nicht, du müssest der Notwendigkeit
Gehorchen und dem Dringen deines Volks.
Sobald du willst, in jedem Augenblick
Kannst du erproben, daß dein Wille frei ist
- - - - - - - - -
Du selbst mußt richten, du allein. Du kannst dich
Auf dieses unstet schwanke Rohr nicht lehnen,
. . ." (II, 3)

In Unkenntnis von Elisabeths wahrer Wesenheit, versucht Talbot, Maria mit Schönheit und Schwachheit des Weibes zu entschuldigen. In der Antwort der Elisabeth tritt ein emanzipatorisches Motiv wiederum in den Vordergrund:

„Das Weib ist nicht schwach. Es gibt starke
Seelen
In dem Geschlecht — Ich will in meinem Beisein
Nichts von der Schwäche des Geschlechtes
hören." (II, 3)

Ein klügerer Anwalt in dieser Szene ist Leicester, der Elisabeths eifersüchtige und herrsüchtige Natur besser kennt. —
Augenscheinlich ins Zwielicht gerät die Gestalt der Elisabeth in II, 4, als Paulet der Königin den Bittbrief Marias überreicht. Die Regieanweisung an dieser Stelle lautet: Elisabeth, nachdem sie den Brief gelesen, ihre Tränen trocknend. Es folgt die große, fast antikisch anmutende Stelle, die von der Fallhöhe des Menschen handelt, — zweifellos eine der tiefsten Aussagen des Dramas, die Schiller der Elisabeth in den Mund legt:

> „Was ist der Mensch, was ist das Glück der
> Erde!
> Wie weit ist diese Königin gebracht,
> Die mit so stolzen Hoffnungen begann, ...
> Welch andre Sprache führt sie jetzt als damals,
> Da sie das Wappen Englands angenommen ...
> Verzeiht, Mylords, es schneidet mir ins Herz,
> Wehmut ergreift mich, und die Seele blutet,
> Daß Irdisches nicht fester steht, das Schicksal
> Der Menschheit, das entsetzliche, so nahe
> An meinem eignen Haupt vorüberzieht."

Das ist Schillers Betrachtung des menschlichen Schicksals, das ist sein Schauder von der Fallhöhe des Menschen, — ein hochdramatisches Wort, und es ist Elisabeth, die es ausspricht. Es sind an dieser Stelle Zeichen, die Überzeugungskraft haben: die Tränen, die die Regieanweisung anordnet, die Größe des eminent Schillerschen Gedankenganges, die Rührung, die Talbot eine „himmlische Bewegung" nennt, — und dennoch! Ist es Rollenspiel, kann es Elisabeth hier wirklich so meinen?

Wir betrachten zur Klärung dieser Frage den weiteren Ablauf des Geschehens: Schon in der folgenden Szene fordert Elisabeth von Mortimer den Meuchelmord an Maria, — ein Geschehen, das Mortimer in seinem Monolog eindeutig kommentiert:

„Geh, falsche, gleißnerische Königin!
Wie du die Welt, so täusch ich dich. Recht ist's.
Dich zu verraten, eine gute Tat!" (II, 6)

Deutlicher kann das Motiv des Scheins in der Gestalt der Elisabeth nicht entlarvt werden. Noch eine weitere Szene kann zur Klärung der o. angeführten Frage herangezogen werden: sollte ein Zweifel bestehen, so wird man durch das Verhalten der Elisabeth bei der Begegnung der Königinnen im III. Akt eines Besseren belehrt. Marias Versuch, sich vor ihrer Feindin zu demütigen, führt lediglich zu Hohn und Triumph bei Elisabeth: hier findet sich keine Spur von jener Erschütterung über das Schicksal des Menschen und seinen tiefen Fall. Wenn wir also das „Motiv des Scheins" für die zwielichtige Szene, in der Elisabeth Marias Brief empfängt, nicht gelten lassen wollten, wenn wir die Tränen und die Erschütterung ernst nähmen, so müßten wir fast sagen, die Szene spräche gegen Schiller. Man muß sich hier fragen, wieweit er die Figur der Elisabeth rechtfertigen will. Wir wissen, daß es seine Absicht war, sie nicht zu einem reinen Bösewicht zu machen: die Gestalt des reinen Bösewichts entspricht nicht mehr der dramatischen Konzeption des klassischen Schiller. Ist es ihm gelungen, diese Absicht in der poetischen Gestaltung zu realisieren? Unserer Meinung nach gibt es einige Stellen im Drama, an denen Elisabeth ernst genommen werden kann, z. B. immer da, wo sie sich über die Abhängigkeit von der Volksgunst beklagt: das geschieht in II, 2 und vor allem in dem großen Monolog in IV, 10. In den Worten der Elisabeth wird der eminent Schillersche Gedanke zum Ausdruck gebracht, daß in der politischen Welt der Taten die bösen Dämonen wirksam sind, und daß hier die Notwendigkeit, nicht die Freiheit herrscht. Gerade an dieser Stelle, wo sie ausruft:

,,O Sklaverei des Volksdiensts! Schmähliche
Knechtschaft — Wie bin ich's müde, diesem
Götzen
zu schmeicheln, den mein Innerstes verachtet!"
(IV, 10)

hat ihre Aussage Wahrheitsgehalt, dennoch dient sie nicht dazu, die Figur der Elisabeth in den Augen des Zuschauers sympathischer zu machen, denn es folgt die perfide Szene mit Davison, in der jeder Anflug von Sympathie wieder aufgehoben wird. Der Zuschauer muß sich von einer Königin abwenden, die die höchste Verantwortung auf einen Untergebenen abschiebt und diese Tat noch mit blasphemischen Worten kommentiert:

,,Ja, Sir! Gott legt ein wichtig, groß Geschick
In eure schwachen Hände. Fleht ihn an,
Daß er mit seiner Weisheit euch erleuchte.
Ich geh' und überlaß euch eurer Pflicht." (IV, 11)

Es gibt kaum eine Figur in den Dramen des späteren Schiller, die die Infamie so auf die Spitze treibt, um mit allen Mitteln den eigenen Ruf vor der Welt unbefleckt zu erhalten. Spätestens hier wird das Gewicht des Negativen auf der Gestalt der Elisabeth nahezu erdrückend: Was dann noch folgt, sind lediglich Varianten des gleichen Sachverhalts. In der Gunst des Publikums ist Elisabeth nicht mehr zu retten. Schiller häuft dann auch die Schicksalsschläge mit erdrückender Gewalt auf die Gegenspielerin der verklärten Maria: Shrewsbury und vor allem Leicester verlassen sie in einem entscheidenden Moment. Das Drama endet mit einem jener wirkungsvollen Schlüsse, für die Schiller berühmt ist:

Elisabeth. ,,Graf Leicester komme her!

Kent. Der Lord läßt sich entschuldigen

Er ist zu Schiff nach Frankreich." (V, 15)

Erstaunlich ist immerhin, daß nach Talbots sittlicher Aburteilung der Elisabeth (,,Ich habe deinen edlern Teil nicht retten können") Schillers Regieanweisung (Sie bezwingt sich und steht mit ruhiger Fassung da) ihr einen würdigen Abgang attestiert. So bleibt auch das letzte Wort des Dichters über sie in einer Zwielichtigkeit, die der Gestalt im Verlauf des Dramas insgesamt anhaftet. –

Die Begegnung der Königinnen: Zeugnis tragischer Paradoxie

Der III. Akt der Tragödie ist — dramaturgisch und ideenmäßig — eine der entscheidenden Stellen des Dramas. Er verknüpft das bis dahin Aufeinanderfolgende der Handlungsführung, indem er vor den Augen des Zuschauers Spiel und Gegenspiel aufeinanderprallen läßt. Diese Begegnung der Königinnen ist unhistorisch; Schiller hat — wie es seiner Grundauffassung entspricht — auch hier die Geschichte seinen dramatischen Gesetzen untergeordnet, — d.h. er hat den Stoff verändert, wie es die Intentionen seines dramatischen Planes verlangen. Ähnlich wie er fiktive Ereignisse und Personen in das Geschehen einbaut, verfährt er — frei schaltend — mit dem Lebensalter der handelnden Figuren. Beide Königinnen sind, entsprechend seiner Absicht, sie als Liebhaberinnen darzustellen,[12]) im Drama wesentlich jünger als die historischen Vorbilder: Maria ist in der Tragödie etwa 25, Elisabeth höchstens 30 Jahre alt. So konnte der Dichter die Konfliktsituation seiner beiden Heldinnen überzeugender nach seiner Intention gestalten. Beide Königinnen sollen auf eine sehr weibliche Art aneinandergeraten; die Motive der ,,Schönheit" und ,,Eifersucht" sollen in der großen Auseinandersetzung der Rivalinnen ebenso eine Rolle spielen wie die Motive von ,,Macht" und ,,Herrschaftsanspruch". Menschliche und politische Herausforderungen sind in dieser hochdramatischen Begegnungsszene so miteinander verknüpft und aufeinander bezogen, daß ein Übergewicht des einen wie des anderen schwer fest-

[12]) vgl. Brief an Iffland vom 22. Juni 1800

zustellen ist. Wenn Elisabeth Maria menschlich schmäht, so setzt sie sie auch gleichzeitig als Königin herab, und dasselbe gilt für Marias Reaktion am Schluß der Begegnungsszene. Der Schauplatz des III. Aktes ist der Park von Fotheringhay, außerhalb des Gefängnisses zwar, aber mit Mauern umgeben, eine gefährliche Illusion der Freiheit für die schottische Königin, auf die Kennedy zu Beginn des Aktes warnend hinweist:

„O meine teure Lady! Euer Kerker
Ist nur um ein klein weniges erweitert.
Ihr seht nur nicht die Mauer, die uns einschließt,
Weil sie der Bäume dicht Gesträuch verdeckt."
(III, 1)

Die warnende Stimme der Vernunft und Wirklichkeitserfahrung tritt hier in Gegensatz zu dem blinden Außer-Sich-Sein der Heldin, das sich auch sprachlich in einem Vokabular der Ekstase und des Wahnes äußert: Ausdrücke wie „träumen", „süßer Wahn", „schwärmen", — ebenso wie die der Maßlosigkeit — „frei und fessellos", „ungemessene Räume" u.a. kennzeichnen die Redeweise der Stuart zu Beginn des III. Aktes: sie erblickt in verblendeter Täuschung das Vorzeichen der Befreiung in der Öffnung des Kerkertores. Die Hingerissene — auch außer sich in der Gebärde — („tritt in schnellem Lauf hinter den Bäumen hervor", wie die Regieanweisung mitteilt) kann in diesen Augenblicken von keiner nüchternen Warnung erreicht werden. Der pathetische Held ist absolut und blind zugleich: die Umwelt wird von ihm nicht durchschaut, das Atmosphärische geht ihn nichts an, — es wird von ihm in seiner Realität übersehen. Es ist die einzige Szene der Tragödie, die im Freien spielt: Der blaue Himmel, die eilenden Wolken, die bewegten Lüfte gelten der Heldin als Zeichen der Freiheit und der Hoffnung, die sie über die Gegenwart hinwegtragen. Hier läßt Maria alles beiseite, was nicht mit dieser trügerischen Hoffnung zusammenhängt. Alle warnenden Anzeichen können dem pathetischen Helden nicht nur gleichgültig, sondern sogar feindlich erscheinen. So überhört Wallenstein die Warnung seiner Generale, so übersieht auch Maria Stuart die Fragwürdigkeit der nur scheinbar Freiheit verheißenden Umwelt, — sie ist mit sehenden Augen blind. Die der Euphorie der Eingangsszenen folgende Begegnung der Königinnen ist insofern Zeugnis tragischer Paradoxie, als sie zur Rettung Marias geplant war, in Wirklichkeit aber eine gewaltige Präzipitation zum Ende bewirkt. —

Der Ablauf der Geschehnisse im III. Akt ist äußerst gedrängt dargestellt: Nachdem Maria durch die Öffnung der Gefängnistore in eine Befreiungshoffnung gestürzt ist, die sie Leicester zu verdanken glaubt, tritt der erste Stimmungsrückschlag ein, als Paulet ihr mitteilt, er habe ihr die gewünschte Begegnung mit der Königin erwirkt. Der Umschwung der Stimmung in Marias Seele: Die Regie gibt an ,,zurückfahrend, mit Ahnung'', ,,Maria, welche zittert und umzusinken droht'' erleuchtet hellsichtig den Samen zukünftigen Verderbens in der als Rettungsmöglichkeit gedachten Unternehmung:

> ,,Ach mein Verderben hab ich mir erfleht,
> Und mir zum Fluche wird mein Flehn erhört!''
> (III, 3)

Der Ablauf der Begegnungsszene fällt dann auch in raschem Abstieg der Katastrophe entgegen, die die Vorschau ankündigt. Elisabeth und Leicester treten auf; Maria demütigt sich in übermenschlicher Anstrengung vor der Königin, deren Eisesblick sie schaudern läßt:

„Oh Gott, aus diesen Zügen spricht kein Herz!"
(III, 4)

Aber gerade ihre Demütigung führt bei ihrer unversöhnlichen Gegnerin zum hämischen Triumph über ihre Schwachheit; es folgt die Beschimpfung der Maria als „gemeine Schönheit für alle" durch Elisabeth, eine Erniedrigung, die Maria nicht mehr hinnehmen kann. Die tiefste Verletzung ihrer Menschenwürde führt dann zu ihren schweren Anschuldigungen gegen Elisabeth, die ihren eigenen Untergang besiegeln. Der III. Akt mit der Mittelpunktszene der Begegnung ist schon seit seiner Entstehung ein viel diskutierter Gegenstand, — er ist noch heute bei neueren Schillerinterpreten umstritten. Schon Schiller selbst hat diese Szene Goethe gegenüber als heikel bezeichnet: „. . . ich habe die Handlung bis zu der Szene geführt, wo die beiden Königinnen zusammenkommen. Die Situation ist an sich selbst moralisch unmöglich, ich bin sehr verlangend, wie es mir gelungen ist, sie möglich zu machen."[13)]

Auch Goethe schien gegen den Streit der Königinnen Einwände gehabt zu haben. Er soll — und es wäre ihm sicher in einer seiner gelegentlichen sarkastischen Launen zuzutrauen — geäußert haben: „Mich soll nur wundern, was das Publikum sagen wird, wenn die beiden Huren zusammenkommen und sich ihre Aventüren vorwerfen."[14)] Man braucht das nur so hingeworfene, überstrapazierte Wort, zumal es noch nicht einmal zweifelsfrei überliefert worden ist, nicht

13) Schiller, Brief an Goethe v. 3. Sept. 1799
14) Briefwechsel Meusebach-Grimm, 1880, S. 69

allzu wichtig zu nehmen. Das besagte Publikum quittierte die Szene und das ganze Stück mit ungewöhnlichem Beifall. Es sei nach dem einstimmigen Urteil aller Zuschauer das schönste Schauspiel, das die deutsche Bühne je dargestellt hat, urteilte damals der Weimarer Regisseur Becker.[15]) Auch Goethe berichtigte sich gleich am Tag nach der Vorstellung: „Man hatte Ursache, mit der Aufführung sehr zufrieden zu sein, so wie das Stück mich außerordentlich erfreut hat."[16])

Dennoch ist auf dem Felde literarischer Betrachtung dieser berühmte Auftritt als Schimpfszene „scheltender Weiber" mißverstanden worden. Wir nehmen hier Bezug auf einen Ausspruch Grabbes, der von zwei Königinnen spricht, die „vor Neid und Leidenschaft Rang und Krone vergessen, und werden einander scheltende Weiber, jede Rücksicht aus den Augen setzend, außer den bitteren persönlichen Anzüglichkeiten."[17]) Die hier wiedergegebene Meinung ist ebenso oberflächlich wie einseitig; sie geht so sehr am Text vorbei, daß ein sorgsamer Leser in Erstaunen versetzt wird. Dennoch hat diese Beurteilung bis in die Gegenwart hinein Schule gemacht: wir werden uns im Laufe unserer Analyse dieser Szene mit widersprüchlichen Interpretationen dieses Sachverhalts auseinandersetzen. –

Für die Königin von England ist die Begegnung mit der gefangenen Maria eine Szene vor den Augen der Öffentlichkeit: Anwesend sind ihre Höflinge Shrewsbury und Leicester. Vor ihren Augen will sie Maria ge-

[15]) zit. bei Burschell, Schiller, a.a.O. S. 480
[16]) Goethe, Brief an Schiller v. 15. Juli 1800

demütigt sehen. Maria kommt dieser Erwartung entgegen: der Feindin ,,Edelmut" einräumend, erniedrigt sie sich bis an die Grenzen des Möglichen, indem sie sich ,,gebrochen", ,,zerstört", den ,,Schatten der Maria" nennt. Diese Erniedrigung ist aber nur tragbar, wenn sie der Großmut der Gegnerin versichert sein kann. Hier gäbe es für Elisabeth eine Gelegenheit, die Erschütterung über den tiefen Fall des Menschen, wie sie sie im Staatsrat zum Ausdruck gebracht hat, der Gegnerin gegenüber in die helfende Tat umzusetzen. Die Reaktion ist dagegen vernichtend:

> **Elisabeth.** ,,Ihr seid an eurem Platz, Lady Maria!
> Und dankend preis ich meines Gottes Gnade,
> Der nicht gewollt, daß ich zu euren Füßen
> So liegen sollte, wie ihr jetzt zu meinen." (III, IV)

Aber auch angesichts dieses eisigen Hohns gibt Maria noch nicht auf, das Herz ihrer Feindin mit beschwörenden Worten zu bewegen. Sie will ,,die Worte klüglich stellen", daß sie der Königin ,,das Herz ergreifen, aber nicht verletzen". Die leidenschaftliche Eloquenz, die Maria hier anwenden will, ist nicht raffinierte Verstellung oder bloße Argumentation. Sie meint es so, wenn sie sagt:

> ,,O Gott, gib meiner Rede Kraft und nimm
> Ihr jeden Stachel, der verwunden könnte!"
> (III, 4)

Sie will ihre Lage als eine Schickung der Gottheit ansehen und sich ihr unterwerfen. In dieser äußersten Selbstverleugnung macht sie zugleich vollsten Ernst, Elisabeth gegenüber das Vergangene nicht mehr in Rechnung zu stellen. Sie geht so weit, um Leben und Freiheit zu bitten und ist damit an der äußersten Grenze ihrer Selbstverleugnung angelangt. In dem Augenblick aber, da sie ohne Maß entwürdigt und ihr das

Attribut der ,,allgemeinen" Schönheit für alle entgegengeschleudert wird, findet sie sich selbst wieder und lehnt sich gegen die maßlose Kränkung in vollem Anspruch ihres legitimen Rechts auf. Es ist ein Grundverhalten Schillerscher Helden, wie es uns schon in Schillers erstem Drama aus Karl Moors Worten entgegenglüht: ,,. . . wenn Blutliebe zur Verräterin, wenn Vaterliebe zur Megäre wird: o so fange Feuer, männliche Gelassenheit! verwilde zum Tiger, sanftmütiges Lamm, und jede Faser recke sich auf zu Grimm und Verderben." (I, 2) Was in den ,,Räubern" geschieht, wiederholt sich — gemildert zwar — auch in der Reaktion der Maria im klassischen Drama: Schiller läßt an dieser Stelle die tief Gekränkte ,,von Zorn glühend, doch mit einer edlen Würde" (laut Regieanweisung) sprechen, — in dieser leicht paradoxen Wendung liegt das Wesentliche und das Schwierige zugleich: in ihr ist neben dem Motiv des ,,Maßlosen" (Zorn) zugleich das Positive in dem menschlichen-allzumenschlichen Verhalten der Gekränkten angedeutet; es ist ein Schwebezustand des ,,Sowohl-als-auch", der zu sehr unterschiedlichen Interpretationen dieser Szene geführt hat. Geleitet von Schiller selbst — in seiner Regieanweisung — kann man sich schwerlich dazu verstehen, hier ,,Zorn" mit ,,Wut" gleichzusetzen, wie es z.B. Sautermeister[18]) tut. Was ist ,,Zorn" bei Schiller? Hat er, der der Antike so nahe stand, den griechischen ,,Zorn" mit seiner klassischen Bildung ins Blut aufgenommen? Es gibt einen heiligen Zorn der Götter, — es gibt einen heiligen Zorn der Helden über Unrecht in der Welt. Er wirft Blitze der Zerstörung, aber er reinigt auch und

[18]) vgl. Gert Sautermeister, ,,Maria Stuart", a.a.O. S. 174-217

befreit; er stellt die verletzte Weltordnung wieder her. Marias Zorn — da er mit ,,edler Würde" gepart war — hatte etwas vom göttlichen Zorn, etwas von jener gerechten Leidenschaft, sich als Mensch in seiner Würde wiederherzustellen. So sieht es auch Benno von Wiese[19]), der Marias Verhalten in dieser Szene im Sinne der Schillerschen Schrift ,,Über das Erhabene" deutet: Wo die Selbstverleugnung unter dem Druck der Gewalt die innerste Substanz des Menschen angreift, hat sie ihre Grenze erreicht. ,,Eben deswegen ist des Menschen nichts so unwürdig, als Gewalt zu erleiden, denn Gewalt hebt ihn auf. Wer sie uns antut, macht uns nichts Geringeres als die Menschheit streitig, wer sie feiger Weise erleidet, wirft seine Menschheit hinweg."[20]) Soweit Marias Zorn gegenüber der ihr zugefügten Erniedrigung als Reaktion im Sinne des Erhabenen gedeutet wird, können wir dieser Meinung zustimmen; aber es leuchtet nicht ein, daß man im Hinblick auf den Verlauf der Szene zu der Schlußfolgerung kommt, daß damit (daß Maria sich selbst den Weg zur Rettung zerstört) ,,eine absolute Größe des Erhabenen in ihr zum Durchbruch gelangt."[21]) Eine solche Deutung nimmt zuviel von dem Bilde der verklärten Maria des V. Aktes voraus, — sie bewertet zu wenig, daß Maria zwar ihre innere Freiheit zurückgewinnt, aber um den sehr hohen Preis der Mäßigung:

Maria. ,,Mäßigung! Ich habe
Ertragen, was ein Mensch ertragen kann.
Fahr' hin, lammherzige Gelassenheit!

[19]) vgl. Benno v. Wiese, Schiller, a.a.O. S. 711-776
[20]) Schiller, Über das Erhabene, Reclam, Leipzig, 12. Bd. S. 178
[21]) Benno v. Wiese, Schiller, a.a.O. S. 715

Zum Himmel fliehe, leidende Geduld!
Spreng endlich deine Bande, tritt hervor
Aus deiner Höhle, langverhaltner Groll!
Und du, der dem gereizten Basilisk
Den Mordblick gab, leg' auf die Zunge mir
den gift'gen Pfeil — (III, 4)

Maria ,,genießt" den Triumph, wie sie zu Beginn des 5. Auftritts zu Kennedy sagt:

O, wie mir wohl ist, Hanna! Endlich, endlich,
Nach Jahren der Erniedrigung, der Leiden,
Ein Augenblick der Rache, des Triumphs!"

Im Sinne Schillers tritt das ein, was er an dieser Szene ,,unmoralisch" nennt. Das, was in Marias erster Reaktion ein ,,Zurechtsetzen der Welt" war, geht nun weit darüber hinaus. Rachegedanken toben in ihrer Brust, der böse Geist dämonischer Leidenschaft kommt über sie und sprengt alle Bande der Vernunft und des Maßes. Hier ist Maria ganz ,,physisches" Wesen; sie handelt nicht mehr in Angemessenheit zu dem, was das moralische Gesetz vorschreibt. Angesichts dieser Einsicht kann es uns auch nicht einleuchten, daß nach Benno v. Wieses Deutung der ,,verzückte" Mortimer (III, 6) das Sprachrohr von Schillers Meinung sein soll.[22]) Schiller ist weit davon entfernt, Marias Verhalten in der Begegnungsszene zu glorifizieren (z.B. mit Mortimer: ,,. . . wie eine Göttin groß und herrlich / Erscheinst du mir", III, 6), aber ebenso weit davon entfernt, sie — im Sinne Grabbes — zu einem ,,scheltenden Weibe" zu erniedrigen. Sie erscheint hier in aller Ambivalenz des ,,gemischten Charakters", in dessen Verhalten der Dichter — trotz allem — die Möglichkeit der Läuterung offen läßt. Es

[22]) Benno v. Wiese, Schiller, a.a.O. S. 715

erscheint uns nach einer psychologisierenden Richtung hin konstruiert, wenn Gert Sautermeister behauptet, Schiller entlarve Marias Schönheit und Würde ,,als bloße Oberflächenphänomene''.[23]) Ist es wirklich so, wie Sautermeister sagt, daß in der Begegnungsszene Marias Rachedurst, der sich in ,,Zorn'' befriedigt, ein Zeichen dafür ist, daß ihrer äußeren Schönheit keine innere Schönheit entspricht, so daß jene nur ,,schöner Schein'' ist? Ist der ,,Zorn'' — der legitime Zorn eines bis aufs tiefste entwürdigten Menschen — einfach mit der Formel ,,unchristlich'' abzutun? Wird der Bruch zwischen äußerer und innerer Schönheit dadurch evident, daß Marias Zorn in der Folgeszene Mortimer in Sinnlichkeit hinabreißt?[24]) Eine solche ,,neue Orientierung'' der Schillerdeutung versucht, Marias ,,Ambivalenz'' des ,,gemischten Charakters'' zu sehr in ein psychologisierendes Licht zu rücken. Dies geschieht nicht nur in der Begegnungsszene der Königinnen, sondern noch entscheidender in der Gesamtbeurteilung von Schillers Heldin. Sautermeister sagt wörtlich: ,,Wenn weder Beichte noch Reue das Schuldbewußtsein haben verstummen lassen, so deshalb, weil Maria noch immer wünscht und Empfindungen nährt, über deren Einfluß sie einst Schuld auf sich geladen hat. Ihr moralisch-religiöses Bemühen ist gleichsam die Oberfläche, unter der ein ihr unbewußter bedenklicher Lebensdrang waltet. Die Bewältigung der Vergangenheit mißlingt, solange Maria die Triebfedern vergangenen Handelns bloß von ihrer Gesinnung her verur-

[23]) Gert Sautermeister, in: Kindler-Lexikon, S. 6035

[24]) Gert Sautermeister, Schiller. ,,Maria Stuart'', in: Schillers Dramen. Neue Interpretationen, Hrsg. v. Walter Hinderer. Reclam 1979, S. 192 f

teilt, ohne sie existentiell durchlebt und psychisch überwunden zu haben. So gewinnt der dramatische Vorgang im Umkreis der Maria jene Doppelgesichtigkeit, die man bisher übersehen hat."[25]) Uns scheint die „bisher übersehene", hier „neu gewonnene" Sicht nicht nur an Schillers poetischer Gestaltung, sondern auch an dem Phänomen von Schuld und Strafe im allgemeinen vorbeizugehen. Warum soll in Marias Seele — trotz Beichte und Reue — das Schuldgefühl über die schlimmen Taten ihrer Jugend nicht weiterbestehen? Daß dies so ist, nimmt Schiller zum Anlaß, die Seele seiner Heldin zum höchsten Opfer bereit zu machen:

„Gott würdigt mich, durch diesen unverdienten
Tod
Die frühe schwere Blutschuld abzubüßen."
(V, 7)

Dieses Verhalten entspricht Schillers philosophischer Auffassung, auf sie wird — analog zu Marias Worten — in dem Gedicht „Das Ideal und das Leben" als höchste Möglichkeit der Freiheit hingewiesen:

„Nehmt die Gottheit auf in euren Willen,
Und sie steigt von ihrem Weltenthron."

Die psychologisierende Schlußfolgerung Sautermeisters, wie sie im o. zitierten Deutungsversuch ausgesprochen wird, halten wir für textfremd und konstruiert. Das überstrapazierte Wort von der „unbewältigten Vergangenheit" klärt in unseren Augen den dramatischen Sachverhalt an keiner Stelle. Man kann Schillers Gestalten nicht auf die Spur kommen, wenn man in ihnen — an Freud tiefenpsychologisch geschult — „Verdrängungskomplexe" und „unter-

[25]) Gert Sautermeister, a.a.O. S. 192 f

drückte Aggressionen" aufzudecken sucht, wie es bei Sautermeister zum Ausdruck kommt: „Kurz vor dem Zusammentreffen mit Elisabeth, das sie sorgfältig geplant hat, proben unterdrückte Aggressionen einen unerwarteten Aufstand."[26]) Bei Schiller geht es nicht um psychologisches Raffinement, sondern um dramatische und philosophische Gesichtspunkte. Seine Gestalten sind weitgehend Träger von Ideen, eingebaut in ein dramaturgisches Konzept. Sie werden mißverstanden, wenn man sie zum Gegenstand psycho-analytischer Untersuchungen macht. —

[26]) Gert Sautermeister, Schiller „Maria Stuart" a.a.O. S. 192

B. Die Randfiguren:

Mortimer und das Motiv des Religiösen

Zu Beginn stellt sich die wichtige Frage: Welche Rolle spielt die Figur des Mortimer im Ablauf der dramatischen Handlung? Diese Gestalt ist nicht historisch; Schiller hat sie frei erfunden. Das entspricht seinem allgemeinen Umgang mit der Geschichte; er sieht sie mit den Augen des Dramatikers und verfährt mit ihr, wie es sein poetischer Plan verlangt. —
Für den Fortgang der Handlung hätte es der Figur des Mortimer kaum bedurft. Als „Verschwörer" und geheimer Planer von Marias Rettung ist er zwar an vielen Stellen mit dem dramatischen Ablauf des Geschehens verknüpft, aber er kommt dennoch nicht zur entscheidenden Tat. Diese wird ihm von Leicester aus der Hand genommen; der bedachtsam abwägende, opportunistische Intrigant besiegt die Gestalt des leidenschaftlich-aktiven Jünglings. —
Wenn aber doch von einer Funktion des Mortimer im Drama die Rede sein soll, so vertritt er ohne Zweifel — dramatisch gesehen — ein retardierendes Element; er vermag — für eine Zeit wenigstens — die Hoffnung auf Rettung zu stärken und als heimlicher Verschwörer die drohende Katastrophe aufzuhalten. Storz sieht noch eine weitere Funktion in der Gestalt des Mortimer: „Allein Mortimer . . . konnte die tragische Verschränkung von Aura und Person in der Gestalt der Maria offenbar machen: das ist die eigentliche Funktion seiner Figur."[27])

[27]) Gerhard Storz, Schiller, a.a.O. S. 334

Uns erscheint jedoch diese Gestalt — über eine mögliche Funktionalität hinaus — weit komplexer und interessanter, als sie in den meisten Schillerinterpretationen gesehen wird. Wenn Emil Staiger von einem „opalisierenden Seelengemälde wie das eines Mortimer"[28]) spricht, wird in diesem hier gebrauchten Bild — über jede Funktionalität hinaus — etwas von dem Schillernden, Schwankenden, Schwarmgeistigen, aber auch von dem farbigen Glanz dieser Schillerschen Jünglingsgestalt zum Ausdruck gebracht. Nicht von Ungefähr werden ihm die Partien in den Mund gelegt, die in ekstatischer Weise das religiöse Motiv veranschaulichen. Das Schillernde dieser Gestalt wird auch in den Schwankungen offenbar, die in seinem Verhältnis zu Maria im Verlauf der Handlung mit ihm vorgehen: wir denken in diesem Zusammenhang an die Folge-Szene der Begegnung der Königinnen (III, 6), in der seine vergöttlichende Leidenschaft der Anfangsszenen in vermessene Besitzgier ausartet. —

Was die Konstellation der Figuren angeht, denen Mortimer im Drama zugeordnet ist, erfahren wir gleich im 1. Akt, daß er der Neffe des Kerkermeisters Paulet ist. Er ist kürzlich aus Frankreich zurückgekehrt, wo er den katholischen Glauben angenommen hat. Er gehört in die Reihe der Schillerschen Jünglingsgestalten, wie sie von seinen frühen Dramen an das dichterische Werk dieses Autors durchziehen. Schiller, der selbst so sehr Jüngling war (Wir erinnern an seine Freundschaft mit Scharffenstein), liebte es, Jünglinge darzustellen. Immer wieder lieh er ihnen

[28]) vgl. Emil Staiger, Schiller, a.a.O. S. 367 f.

das Wort, gab ihnen Gelegenheit, ihre Begeisterungen und ihre Proteste zum Ausdruck zu bringen.
Sein erstes Auftreten erfolgt unter dem bei Schiller so häufigen Aspekt des Scheins. Hier wird die ,,Larve" jedoch nur widerwillig getragen, um das gefährliche Anliegen der Rettung der Stuart zu verschleiern. Die Enthüllung seine wahren Absichten, die er hinter einem rohen und insolenten Betragen versteckt, ist ein wahrhafter ,,coup de théâtre", da nicht nur Paulet, sondern auch die Königin getäuscht wurde. Mortimers Auftreten im I. Akt ist eng mit der Exposition verknüpft: als Überbringer des Todesurteils verheißt sein Auftreten aber zugleich Möglichkeit der Rettung. Eine weitere retardierende Funktion Mortimers ergibt sich daraus, daß Elisabeth ihren tückischen Mordplan gegen die schottische Königin in Mortimers Hände legt. Im Verlauf des Dramas gerät Mortimer — durch die Widrigkeit der Umstände — in Leicesters Intrige, die letzten Endes nicht nur ihn, sondern auch Maria vernichtet. Sein Selbstmord im IV. Akt endet sein auf Erden sinnlos gewordenes Leben, folgerichtig insofern, als sein Bestreben nur auf einen Wert ausgerichtet war. —
Um der Gestalt — über ihre rein funktionale Bedeutung hinaus — auf die Spur zu kommen, betrachten wir in unserer Analyse zwei Mortimer-Szenen im Detail: Die sogenannte ,,Romerzählung" (I, 6) und die Folgeszene der Begegnung der Königinnen (III, 6).
Moritmers umfangreicher Bericht über sein Erlebnis im päpstlichen Rom ist ein Teil der Enthüllung seiner wahren Identität, die in einem heimlichen Gespräch mit der schottischen Königin stattfindet. Sie dient keineswegs der dramatischen Verknüpfung; auch bietet sie — sachlich gesehen — kaum eine Rechtfertigung

für ein lyrisches Bekenntnis von solchem Umfang. Das religiöse Motiv, das in Schillers Stuart-Drama insgesamt von Bedeutung ist, wird gleich zu Anfang auffällig in den Vordergrund gerückt. —
Wenn der junge Mortimer von seinem Romerlebnis schwärmt, mischt sich in seine Ekstase über das überwältigende religiöse Erlebnis das ebenso große Entzücken über die Herrlichkeit der Kunst, das damit verbunden ist. Schillers Kunstbegriff ist in unserer Zeit etwas sehr Fremdes. Das wird deutlich erkennbar, wenn man das große Lob der Kunst hört, das Schiller Mortimer im Gespräch mit Maria zum Ausdruck bringen läßt. Diese Rede ist oft als Rede eines Schwärmers mißverstanden worden, nicht erst in unserer, sondern auch schon in Schillers Zeit. Betrachten wir Mortimers Rede in ihren Einzelheiten, so müssen wir erkennen, daß es Schiller ist, der hier seinen Gedanken Ausdruck gibt. Zur Religion, als ihm während seiner historischen Studien das Christentum näherrückte, äußerte sich Schiller in seinen Briefen: ,,Ich finde in der christlichen Religion virtualiter die Anlage zu dem Höchsten und Edelsten, . . . Es ist also in seiner reinen Form Darstellung schöner Sittlichkeit oder der Menschwerdung des Heiligen und in diesem Sinn die einzige ästhetische Religion.''[29]) So läßt sich auch sein Interesse für die katholische Maria verstehen, ebenso der breite Raum, den er dem Mortimer für sein Romerlebnis einräumt, wie auch nicht zuletzt die sakrale Szene der Beichte und Kommunion im V. Akt des Dramas. Dabei ist es für die Dichtung völlig belanglos, ob Schiller ,,Katholizität'' als Glaubensbekenntnis fremd war oder nicht, was bei manchen Schiller-

[29]) Schiller, Briefe: 17. Aug. 1795 an Goethe

Interpreten zu einem Diskussionspunkt über Gebühr gemacht wird.[30]) Als Dramatiker verschmähte er es nicht, sich des Zaubers des katholischen Ritus und der katholischen Formen zu bedienen, in jenem Sinne, wie es einmal Hofmannsthal unvergleichlich treffend von Schillers Art gesagt hat: ,,Die Welt Kants, die Welt der Alten, die Welt des Katholizismus: er wohnte in jeder von ihnen, . . .''[31]) So gelang es ihm auch — in der Rede des jungen Mortimer — den strahlenden Glanz der römischen Kirche vor den Zuhörern zu entfalten. Mortimer schildert Maria in begeisterten Worten, wie er in Rom ,,der Künste Macht'' gefühlt habe, vor allem in den Kirchen, wo die ,,Musik der Himmel'' herunterstieg und der ,,Gestalten Fülle verschwenderisch aus Wand und Decke quoll'', wo er schließlich den Papst in aller Pracht ein Hochamt halten sah und plötzlich wußte, daß die Kirchen und Schulen der Puritaner, in denen er aufgewachsen war, nur ,,dumpfe Predigtstuben'' waren, in denen er wie in einem Gefängnis gelebt hatte:

,,. . . . . und mein Gefängnis
Sprang auf, und frei auf einmal fühlte sich
Der Geist, des Lebens schönen Tag begrüßend.''
(I, 6)

Das Kunsterlebnis war zugleich ein religiöses Erlebnis. Das ,,Herrlichste'' und ,,Höchste'' bewegte sich lebendig sichtbar und hörbar ,,vor den entzückten Sinnen'', wenn auch auf das Ewige bezogen:

,,Denn nicht von dieser Welt sind seine
Formen.''

[30]) vgl. Emil Staiger, Schiller, a.a.O. S. 367 f, Friedrich Burschell, Schiller, a.a.O. S. 483

[31]) Hugo von Hofmannsthal, Ges. Werke, Reden u. Aufsätze I, Fischer Verlag S. 351 f

Das Erlebnis des Religiösen ist für Mortimer deshalb so überwältigend, weil er in der strengen Welt des protestantisch-puritanischen Lebensgefühl aufgewachsen war:

„Der Sinne Reiz, kein Abbild duldet sie,
Allein das körperlose Wort verehrend." (III, 6)

Er kannte nur die Lehre, daß Gott erhaben sei über alle Bilder und Namen; erst die Schönheit der Kulthandlung in Rom eröffnet ihm die Armut an Symbolen und feierlichen Formen seiner eigenen Kirche. Es ist erstaunlich, wie sehr der Nicht-Katholik Schiller hier das katholisierende Element des Religiösen als Verbindung von Ästhetischem und Sakralem verstanden hat. Er findet sich damit in auffallender Übereinstimmung mit C. G. Jung, der davon spricht, daß die Symbolarmut des Protestantismus eine Bresche in den Schutzwall der heiligen Bilder geschlagen habe. „Daß man diesen ewigen Bildern erliegt, ist eine an sich normale Sache. Dafür sind diese Bilder ja vorhanden. Sie sollen anziehen, überzeugen, faszinieren und überwältigen."[32] Wie sehr auch bei Jung das Ästhetische und das Religiöse im Zusammenhang gesehen wird, geht noch deutlicher aus folgendem Ausspruch hervor: „Die Schönheit der Kulthandlung ist unerläßliches Requisit, denn der Mensch hat Gott nicht recht gedient, wenn er ihm nicht auch in Schönheit dient."[33]

Das religiöse Erlebnis Mortimers vertiefte sich, als zu der Macht der Bilder noch die Macht des Wortes hin-

[32] C. G. Jung, Bewußtes und Unbewußtes, Fischer Taschenbuch Verlag 1971, S. 16

[33] C. G. Jung, Psychologie und Religion, Studienausgabe bei Walter, 1971, S. 216 f

zukam: Er erfuhr der ,,Rede Himmelskraft'' und wurde überzeugt, daß ,,grübelnde Vernunft / Den Menschen ewig in die Irre leitet / Daß seine Augen sehen müssen, was / Das Herz soll glauben . . .''

Angesichts des o. erörterten Sachverhalts können wir uns nicht dazu verstehen, das hier in Mortimers Erlebnis vollzogene Aufgehen in dem frommen Glanz der Bilder und Symbole als bloße Schwarmgeisterei zu bezeichnen; die Verknüpfung des Religiösen mit dem Ästhetischen ist eine eminent Schillersche Konzeption.

Fragwürdiger allerdings wird Mortimers Verhalten, als sich in seiner Phantasie die himmlische und die irdische Maria auf eine verzückt sinnliche Weise vermischen. Dies ist zugleich aber auch eine dramatische Möglichkeit, Marias Ausstrahlung, die gefährliche Faszination ihrer Schönheit zur Wirkung kommen zu lassen. Wie sehr Maria — die ,,Helena'' ihrer Zeit, wie es im Drama heißt — die Verkörperung der Schönheit war, erlebte er erst wirklich, als er sie mit seinen Augen sah und mit seinem Herzen fühlte. Aber dennoch muß hier — entgegen anderen Meinungen — gesagt werden, daß Mortimer ihre Schönheit nicht nur ,,sinnenhaft'' erlebte. In ihrer Erscheinung war zugleich das Hervorleuchten des Glanzes der Seele; ihr Anblick machte ihn zum Zeugen der ,,Sanftmut'' und der ,,edlen Fassung'', womit sie ihr unwürdiges Schicksal ertrug. In diesem Sinne müssen wir die folgenden Verse wörtlich nehmen:

,,Denn geht ihr nicht aus allen Leidensproben
Als eine Königin hervor? Raubt euch
Des Kerkers Schmach von eurem
Schönheitsglanze?
Euch mangelt alles, was das Leben schmückt,

Und doch umfließt euch ewig Licht und Leben
Nie setzt' ich meinen Fuß auf diese Schwelle,
Daß nicht mein Herz zerrissen wird von Qualen,
Nicht von der Lust entzückt, euch
anzuschaun! —" (I, 6)

Die Qualen, die Mortimer das Herz zerreißen, sind nicht nur die Qualen beim Anblick des Leidens, es ist darin auch jenes Erschrecken, Erschauern der Seele, von dem Platon im „Phaidros" gesprochen hat: der Anblick der Schönheit reißt den Menschen aus der Welt der irdischen Bedingungen hinaus in jene Lichtwelt, von der das irdische Auge nur den Abglanz erträgt. Schönheit ist hier der Glanz der Wahrheit, — splendor veritatis. Und Wahrheit ist nur ein Name für jenes Höchste, für das die Sprache den Namen versagt.

Daß Mortimer nicht nur ein subjektives Erlebnis hat, daß Marias Schönheitsglanz auch auf andere ausstrahlt und sie überwältigt, ist schon in der 1. Szene berichtet worden. Marias Schönheit erregt Mortimer, wie auch alle anderen Bewunderer — nicht nur zur Lust der Anschauung, sondern auch zur Tat — Lust, zum Heldentum, zum Opfer des Lebens. Die den Tod bei der versuchten Rettung fanden, gewannen nach Mortimers Meinung auch darin ewigen Ruhm, — „Und Glück schon ist's, für eure Rettung sterben". — Wir sehen: Noch ist die Liebe zur Schönheit hier rein, ist ohne Habenwollen, ohne Lust am Besitz. Die Schönheit soll nur da sein, soll gerettet werden, — es ist kein Opfer, das Leben dafür hinzugeben. Aber mit der Tat begibt sich Mortimer in die Welt, und die Welt ist irdisch. Sie verkennt, wie Paulet, die Schönheit als bewußte List, als Ränkespiel mit einem bestimmten Zweck. Um in dieser Welt eine Rettungstat vollbringen zu können, muß Mortimer den Gesetzen dieser Welt folgen. Es sind die Gesetze des trügerischen und falschen Scheins, die hier herrschen und in die er sich einfügen muß. Schon nach dem ersten Gespräch mit Leicester, dessen Unwert er erkennen muß, äußert sich auch zum erstenmal die Besitzeslust in seinem Verhältnis zur schottischen Königin:

„Ich habe zu dem Höflinge kein Herz,
Ich selber kann sie retten, ich allein,
Gefahr und Ruhm und auch der Preis sei mein!"
(II, 6)

Der hier erstmalig verkündete Besitzanspruch steigert sich in der Folgeszene der Begegnung der Königinnen zu höchster Vermessenheit, ja, mit Gewaltankündigung, bereit, das Chaos zu entfesseln um den einen Wert zu gewinnen, dem gegenüber alle anderen Werte für nichts erachtet werden:

„Mag der Welten Brand sich lösen
Eine zweite Wasserflut
Herwogend alles Atmende verschlingen!
— Ich achte nichts mehr! Eh ich dir entsage,
Eh nahe sich das Ende aller Tage."

„Der hohen Schönheit göttliche Gewalt" hat in dem Besessenen maßlosen Gewaltsinn entfacht, ein Bild der Leidenschaft so unbedingter Art, daß es Schillers Vorstellung des sittlichen Menschenbildes diametral entgegensteht. Beck[34]) weist darauf hin, daß Mortimer in früheren Schillerschen Dramen Vorgänger hat, in denen ähnliche Situationen hemmungslosen Macht-und Besitzwillen zeitigen. In „Don Carlos" erklärt der König für den Fall, daß er betrogen sei:

[34]) vgl. Adolf Beck, Schiller, „Maria Stuart", in: das deutsche Drama, Bagel Verl. Düsseld. 1968, S. 318

,,Dann meinetwegen fließe Blut ...
Ich kenne mich selbst nicht mehr ... ich ehre keine Sitte
Und keine Stimme der Natur und keinen
Vertrag der Nationen mehr, —

und ähnlich verschwört sich Wallenstein im Gespräch mit der Gräfin:

,,Doch eh ich sinke in die Nichtigkeit,
So klein aufhöre, der so groß begonnen, ...
Eh spreche Welt und Nachwelt meinen Namen
Mit Abscheu aus, Friedland sei die Losung
Für jede fluchenswerte Tat.''

Absolutheit — bis zum Gefühl der Zerstörung in einer äußersten Situation — ist demnach ein Schillerscher Zug, den er dem Menschen zutraut. Mortimer — im Gegensatz zum I. Akt — stellt sich hier als ,,physisches Wesen'' dar. Der eine Wert, den er in seinem Wahn umkreist, nennt sich das ,,Leben'', — nicht als bloßes Existieren, sondern erfüllt von dem ,,Lebensgott der Freuden'', als einen Gipfel, auf dem es gilt, das Glück zu halten. Es lohnt den Einsatz höchster Kraft auch um den Preis des Todes, in dessen Nachbarschaft es seinen stärksten Glanz erhält. —

Die Höflinge im Bereich der Macht: Burleigh-Talbot-Leicester

Im Zuge der Entfaltung von Spiel und Gegenspiel wird Elisabeth im II. Akt im Umkreis ihrer Höflinge vorgestellt. Um die englische Königin gruppieren sich im Kronrat Burleigh, Talbot und Leicester, die die verschiedenen politischen Kräfte repräsentieren. Sie beeinflussen die staatspolitischen Entscheidungen Elisabeths und spielen auch eine entscheidende Rolle im Schicksal der Maria Stuart. –

In Burleigh verkörpert sich – im Gegensatz zu Talbot und Leicester – die unpersönliche Staatsraison in konsequentester Form. Er ist die einzige Männergestalt im Drama, der Faszination, von welcher Richtung auch immer, ein völlig fremdes Gefühl ist. Gegen die Reize der Maria ist er unempfindlich; er ist ein eiskalter Politiker, folgerichtig auf ein einziges Ziel hin ausgerichtet: auf die Stärkung der englischen Machtposition in der Welt. „Und ich will England retten, das ist mehr." (IV, 10)

Maria charakterisiert ihn als „kunstfertigen Redner" (I, 7), der jedes Argument dem politischen Zweck unterzuordnen versteht: Schein, Lüge und Meuchelmord (Er versucht Paulet zum heimlichen Mord an Maria zu überreden) sind Mittel, die im geläufig sind, um sie seinem Zweck unterzuordnen. Schiller hat in ihm eine Figur gestaltet, die weder von Gefühl noch von moralischen Gesichtspunkten geleitet wird. Allerdings läßt der Autor keinen Zweifel daran, daß ihm die „Sache Englands" vor allen anderen Dingen steht: persönliche Eitelkeit und eigennütziger Geltungsdrang stehen zumindest nicht im Vordergrund. –

Er tritt im Drama auf als der spitzfindige Argumentierer, als der Repräsentant kalter Staatsraison, dem die Beugung von Wahrheit und Recht zum Hilfsmittel des Erfolges dient. In dieser Figur wird Schillers Meisterschaft in der Eloquenz offenbar: ,,. . . bald aus Talbots, bald aus Burleighs Munde hören wir geradezu klassische Beispiele der auf Umstimmung bedachten Spezies der Redekunst.''[35]) Dies zeigt sich besonders in dem großen Monolog mit Maria Stuart im I. Akt, wo Burleigh ein Teil der Expostion zufällt. Zugleich gibt gerade die Auseinandersetzung mit der eiskalten Strategie Burleighs Maria an dieser Stelle Gelgenheit, ihre große Verteidigung gegen Unrecht und Gewalt auszusprechen und damit schon gleich zu Anfang des Dramas jene Sympathie beim Zuschauer zu erringen, die die Theorie des ,,denkenden'' Schiller nicht unbedingt einkalkuliert hat. —

Burleighs weitere Bedeutung im Drama zeigt sich in seinem wachsenden politischen Einfluß zum Ende hin; er hat die Funktion eines vortreibenden Elements. Indem er das Todesurteil dem unschlüssigen Davison entreißt, greift er in das Geschehen ein und führt die Handlung zur Katastrophe. Damit stellt er sich nicht nur als politischer Berater, sondern als Handelnder dar, — umso konsequenter, da er von keinerlei Skrupeln behindert wird. —

[35]) Gerhard Storz, Der Dichter Friedrich Schiller, Klett 1959, S. 339

Talbot

Eine weitaus komplexere Gestalt — sowohl im Hinblick auf Burleigh wie auch auf Leicester — ist Talbot, Graf von Shrewsbury. Politisch gesehen, vertritt er eine andere Konzeption als Burleigh: er steht Schillers weltbürgerlichem Geschichtsdenken nahe, das die Nationen noch in der Gemeinschaft aller menschlichen Geschlechter anzusehen vermag. Es ist Schillers eigenes Glaubensbekenntnis, das von Talbot im Kronrat vertreten wird. Seine Warnung vor Ungerechtigkeit und Tyrannei auch im politischen Spiel, (IV, 9) deren mögliche Konsequenzen für Elisabeths Regierung er im Gespräch mit ihr aufzeigt, verfehlt nicht ganz ihre Wirkung auf die Königin. Es bleibt außer Zweifel, daß Talbot sich eines uneingeschränkteren Respekts bei ihr erfreut als Burleigh oder auch Leicester. Die Unbestechlichkeit seiner moralischen Auffassungen lasen ihn als die ,,reinste'' Gestalt im Drama erscheinen. So gehört denn auch sein Rücktritt am Ende des Dramas zu den härtesten Schicksalsschlägen, den die Nemesis für Elisabeth bereithält. Schiller läßt ihn — sehr wirkungsvoll, weil niederschmetternd für die Königin — zusammenfassend das zum Ausdruck bringen, was er als Berater der Herrscherin als seine Pflicht ansieht, wenn er moralisch angemessen handeln will:

> ,,Verzeih', ich bin zu alt,
> Und diese grade Hand, sie ist zu starr,
> Um deine neuen Taten zu versiegeln.'' (V, 15)

Neben Talbots politischer Bedeutung als Ratgeber der Königin im Kronrat hat er noch eine andere Bedeutung für den Sinn des Dramas: er gehört zu den Gestalten, auf die die Faszination der Schönheit —

trotz seines Lebensalters — noch mit aller Kraft zutrifft. Er ist ein berufenerer Mund zu ihrem Preis als der Leicesters, dem sie nur eine leidenschaftliche Laune, bzw. ein Stein auf dem Schachbrett seines opportunistisch gelenkten Handelns ist.:

,,Ihr ward der Schönheit eitles Gut zu Theil,
Sie überstrahlte blühend alle Weiber,
Und durch Gestalt nicht minder als Geburt —''
(II, 3)

Seine Faszination von Marias Schönheit macht ihn zu einem unklugen Anwalt für die Gefangene, was durch die heftige Reaktion der Elisabeth zum Ausdruck kommt:

,,Kommt zu euch selbst, Mylord von
Shrewsbury!
Denkt, daß wir hier im ernsten Rathe sitzen.
Das müssen Reize sondergleichen sein,
Die einen Greis in solches Feuer setzen.'' (II, 3)

Gerade diese heftige Reaktion der Königin auf Shrewsburys Worte unterstreicht noch die Wirkung der Schönheit auf den Greis. Diese Faszination unterliegt keinem Zweck, — sie ist unwillkürlich in jenem Sinn, wie Schiller es sieht:

,,Die Wahrheit ist vorhanden für den Weisen,
Die Schönheit für ein fühlend Herz.''

Leicester

Leicester, die dritte Figur im Umkreis der Königin, die eine entscheidende Rolle am Hofe Englands spielt, gewinnt seine dramatische Bedeutung durch die Doppelbeziehung zu den beiden Hauptpersonen. Obwohl Mitglied des Staatsrats, beruht seine Vormachtstellung weniger auf der politischen Rolle, die er spielt, sondern vorrangig auf der Position des Günstlings, die er bei Elisabeth einnimmt. Er beherrscht diplomatisches Spiel und Intrige; er ist ein Meister der Anpassung an die jeweiligen Situationen, gelenkt allein von persönlichem Ehrgeiz und Geltungstrieb, nach welchen Gesichtspunkten er sein Handeln ausrichtet. Seine Gestalt — darin der Elisabeth verwandt — ist gekennzeichnet durch das Motiv des Scheins, das in seinen Taten und Worten wirksam wird. So fällt auch in der Szene nach der Begegnung Mortimer — Leicester von ersterem das Wort „Höfling":

„Ich habe zu dem Höflinge kein Herz." (II, 6)

Mortimer ist es auch, der in seiner Gradlinigkeit der schillernden Figur des Leicester am schärfsten entgegengesetzt ist. —

Die Beziehungen zu den beiden Hauptfiguren verdeutlichen jeweils die Ambivalenz seiner Zwecke: Elisabeth verkörpert ihm als Preis seines Ehrgeizes „Macht"; zu Maria zieht ihn der Reiz der Schönheit, für den er gerade so lange kämpft, wie die Mittel sich als billig erweisen, und den er in dem Augenblick aufgibt, als sein Leben bedroht ist. Für ihn gibt es nicht einmal etwas Vergleichbares, wie es z. B. den skrupellosen Burleigh noch über bloß selbstische Zwecke als Anwalt für Englands Ruhm hinaushebt. So kommt es auch dazu, daß Schiller ihn in höchster Verachtung der Nemesis als Opfer zuwirft, indem er ausersehen wird, Maria zum Schaffott zu führen. Der Zuhörer wird Zeuge des totalen Zusammenbruchs Leicesters, der die dramatische Funktion hat, die Hinrichtung der Maria in allen Details als Ohrenzeuge zu schildern. Am Ende hören wir von ihm, daß er — ,,zu spät" — die Partei der Maria nach ihrem Tode ergreift und nach Frankreich geht. Auch eine solche nun vergebliche Entscheidung kann diesem Schwächling die Sympathie des Zuschauers nicht mehr erwirken. Sie dient — dramatisch — lediglich dazu, Elisabeths totale Verlassenheit offenbar zu machen. —

II. ,,Die Schaubühne als eine moralische Anstalt betrachtet"

Plädoyer für das Theater

Schon in seiner Frühzeit hat Schiller seine Bestimmung darin gesehen, von der Bühne herab als ästhetischer Erzieher der Menschheit zu wirken. Eine Fülle von Briefen zeigt den unermüdlichen Kampf um die Befestigung und Verbesserung der deutschen Bühne, der in der Absolutheit der Zielsetzung einzigartig ist. In dieser unmittelbaren und auch theoretischen Einflußnahme auf die Bühne der Zeit liegt das Hinreißende und zugleich Fortwirkende an der Erscheinung des Schillerschen Genius im Theater. —
Unter den Reflexionen der Frühzeit über Wirkung und Bedeutung der Bühne sind besonders zwei Schriften zu nennen, in denen sich die Grundzüge seiner Dramaturgie abzeichnen: ,,Über das gegenwärtige teutsche Theater" (1782) und ,,Die Schaubühne als eine moralische Anstalt betrachtet" (1784). Bei letzterer

handelt es sich um Schillers später umgearbeitete Antrittsrede in der Kurfürstlichen Deutschen Gesellschaft in Mannheim, zu deren Mitglied er am 8. Januar 1784 ernannt worden war. Schillers Anliegen war es, in dieser Gesellschaft gewissermaßen ein Plädoyer für das Theater zu halten und er gab seiner damaligen Rede den Titel ,,Vom Wirken der Schaubühne auf das Volk''. Im 1. Heft der von Schiller herausgegebenen ,,Rheinischen Thalia'' (und damit zugleich im 1. Heft der ,,Thalia'', das inhaltlich mit jenem übereinstimmt) erschien diese Rede dann Mitte März 1785 unter dem Titel ,,Was kann eine gute stehende Schaubühne eigentlich wirken?'' — Schiller hat diese Rede später für den 1802 erschienenen 4. Teil seiner Sammlung ,,Kleinere prosaische Schriften'' noch einmal überarbeitet; zeitkritische Bemerkungen, die inzwischen gegenstandslos geworden waren, wurden gestrichen. Der Aufsatz erhielt in dieser Sammlung die endgültige Überschrift: ,,Die Schaubühne als eine moralische Anstalt betrachtet.'' Wenn der letztlich gewählte Titel auch klassischer wirkt, so verschiebt er die Akzente doch merklich von der ,,Wirkung'' auf die ,,moralische Anstalt'', was zu zahlreichen Mißdeutungen dieser Schrift geführt hat. In den ersten Titeln wird das Gewicht mehr auf die Leistung des Theaters gelegt: sie werden damit dem Inhalt der Rede mehr gerecht, denn davon handelt sie vor allem. —

Im Hinblick auf die benützten Quellen stützt sich Schiller auf Lessings ,,Hamburgische Dramaturgie'' (vor allem auf Stück 22, 23, 29, 54-59, 100-104), weiterhin auf Rousseaus ,,Lettre à Mr. d'Alembert'' . . . sur le projet d'établir un théâtre de comédie . . .'', aber auch auf den von Heinrich Leopold Wagner mit ,,Neuer Versuch über die Schauspielkunst'' übersetzten Essay ,,Du théâtre, ou nouvel essai nur l'art dramatique'' von Louis Sébastien Mercier.[36])

,,Die Schaubühne als eine moralische Anstalt betrachtet'' geht in manchen Grundzügen auf das gemeinsame Gedankengut des 18. Jahrhunderts zurück, insoweit das Theater als Mittel zur Aufklärung des Verstandes und zur Erziehung des Menschen angesehen wird. Dennoch wird die Schrift — seit Nietzsches oft nachgeredetem Wort vom ,,Moraltrompeter von Säckingen'' — total mißverstanden, wenn man den Ausdruck von der ,,moralischen'' Anstalt — im heutigen Sinn — wörtlich nimmt und eine kraß nützliche Auffassung der Kunst in ihr zu finden meint. Sicherlich hat Schiller, wohl um sich seinen gelehrten Mannheimer Zuhörern anzupassen, versucht, die Kunst ihrem rationalistischen Denken schmackhaft zu machen. Aber das ist nicht der ganze Inhalt der Rede; ihr Wesen liegt in der Vermischung verschiedener Theorien, in der Art, wie sie aufeinander bezogen und miteinander verknüpft sind, — es liegt in dem hinreißenden Rhythmus seiner Sprache, die seine und nur seine, ihm ganz eigene Tonart ist. Wir können Burschell zustimmen, wenn er sagt, die Rede gehöre ,,wenn auch nicht zu den entscheidenden, so doch zu den schönsten Arbeiten seiner Jugend''.[37])

In seiner historisierenden Einleitung geht Schiller auf Sulzers Auffassung von der Entstehung der Schaubühne ein: dieser sieht sie in dem allgemeinen und unwiderstehlichen Drang nach Neuem und Außeror-

[36]) vgl. Helmut Koopmann, Schiller, Kommentar zu d. philosophischen historischen u. vermischten Schriften, Winkler Verlag München, S. 49, auf dessen Angaben wir uns hier stützen.

[37] Friedrich Burschell, Schiller, Rowohlt 1968, S. 170

dentlichem, in dem Verlangen der Menschheit, sich in einem leidenschaftlichen Zustande zu fühlen. Schiller führt diesen Gedanken Sulzers weiter: Er erkennt in der Menschennatur — zwischen dem Zustand der Sinnlichkeit und der fortgesetzten Arbeit des Verstandes hin und hergerissen — die Sehnsucht nach einem „mittleren Zustande", der diese Spannungen zu sanfter Harmonie herabstimmt. Das gelingt allein dem „ästhetischen Sinn" oder dem „Gefühl für das Schöne", das den Menschen befähigt, in dem Raum der Bühne gleichermaßen die Bildung des Verstandes und des Herzens in der edelsten Unterhaltung zu vereinigen und auf diese Weise ganz Mensch zu sein. Derselbe Gedanke findet sich — noch pointierter ausgedrückt — am Ende der Rede, wo es heißt: „Jeder einzelne genießt die Entzückungen aller, die verstärkt und verschönert aus hundert Augen auf ihn zurückfallen, und seine Brust giebt jetzt nur einer Empfindung Raum — es ist diese: ein Mensch zu sein."[38])
Nach den allgemeinen Überlegungen, die der Bühne ihren Stellenwert im Bereich der gesellschaftlichen Institutionen einräumen, geht Schiller im folgenden Abschnitt auf die Beziehungen zwischen Schaubühne und Religion ein. Im Bündnis der Religion mit der Schaubühne sieht er die Verstärkung der Wirkung der Religion, „wo Anschauung und lebendige Gegenwart ist, wo Laster und Tugend, Glückseligkeit und Elend, Torheit und Weisheit in tausend Gemälden faßlich und wahr an dem Menschen vorübergehen, wo die Vorsehung ihre Rätsel auflöst . . . und die Wahrheit unbestechlich wie Rhadamanthus Gericht hält."[39])

[38]) Schiller, Werke, Reclam 10. Bd., S. 49
[39]) Schiller, Werke, a.a.O. S. 43

Man achte auf die Bedeutung der Veranschaulichung in Bildern („in tausend Gemälden") im Bereich der Religion, die diese — nach der Meinung Schillers — zur Schwester der Schaubühne macht. Hier wie in Mortimers Romerzählung (Maria Stuart, I, 6) nähert sich Schillers Vorstellung einer katholisierenden Form der Religion, wenn er sagt: „Religion (ich trenne hier ihre politische Seite von ihrer göttlichen), Religion wirkt im ganzen mehr auf den sinnlichen Teil des Volks — sie wirkt vielleicht durch das Sinnliche allein so unfehlbar. Ihre Kraft ist dahin, wenn wir ihr diese nehmen — und wodurch wirkt die Bühne? Religion ist dem größern Teile der Menschen nichts mehr, wenn wir ihre Bilder . . . vertilgen, wenn wir ihre Gemälde von Himmel und Hölle zernichten — . . ."[40])
Der letzte Satz erscheint uns ebenso bedeutsam für Schillers ästhetische Betrachtung der Religion wie wahr in bezug auf die Beziehung des Menschen zur Religion; er wird in der Betrachtung dieser Rede erstaunlich selten ins Auge gefaßt. —
Die Schaubühne ist in Schillers Konzeption nicht nur die Schwester der Religion, sie ist zugleich der Ort des Gerichts, ja, sie überschreitet in dieser Sicht das irdische Tribunal: „Die Gerichtsbarkeit der Bühne fängt an, wo das Gebiet der weltlichen Gesetze sich endigt."[41]) Durch Vergegenwärtigung vergangener Taten reißt die Bühne die Laster vor einen schrecklichen Richterstuhl, läßt sie aber zugleich durch heilsame Schauer zum abschreckenden Unterricht für die Menschheit werden. Damit übersteigt nach Schillers Auffassung die Schaubühne Moral und Gesetz. — Im

[40]) ebda S. 42 f
[41]) Schiller, Werke, 10. Bd., S. 43

folgenden führt Schiller den Vergleich der Bühne mit der Gerichtsbarkeit noch weiter; nicht nur die Laster werden angeprangert, sondern — und hier erkennen wir das Ideengut der Aufklärung — tausend Tugenden werden empfohlen, und die Schaubühne wird zur Begleiterin der Weisheit. Aber Schiller überschreitet das rationalistische Prinzip: die „strenge Pflicht" erscheint gekleidet in „ein reizendes, lockendes Gewand". Hier klingt schon an, was der ältere Schiller in der Einleitung zu „Die Braut von Messina" sagt: „Aber indem man das Theater ernsthafter behandelt, will man das Vergnügen des Zuschauers nicht aufheben, sondern veredeln. Es soll ein Spiel bleiben, aber ein poetisches. Alle Kunst ist der Freude gewidmet, und es gibt keine höhere und keine ernsthaftere Aufgabe, als die Menschen zu beglücken. Die rechte Kunst ist nur diese, welche den höchsten Genuß verschafft. Der höchste Genuß aber ist die Freiheit des Gemüths in dem lebendigen Spiel aller seiner Kräfte."[42])

Im weiteren sieht Schiller neben der sozialen Bedeutung der Schaubühne („Hier nur hören die Großen der Welt, was sie nie oder selten hören — Wahrheit: . . .") auch ihre psychologische Bedeutung: Die Schaubühne gibt einen „unfehlbaren Schlüssel zu den geheimsten Zugängen der menschlichen Seele; sie vermittelt das Wissen um das „geheime Räderwerk", nach welchem der Mensch handelt.

Zum erstenmal fragt Schiller in diesem Aufsatz nach der Bedeutung des Theaters für die Kultur. „Menschlichkeit und Duldung fangen an, der herrschende Geist unsrer Zeit zu werden . . . Wieviel Anteil an die-

[42]) Schiller, Werke, 5. Bd., S. 195

sem göttlichen Werk gehört unseren Bühnen?"[43]) Die Antwort lautet, daß sie den Menschen belehrt und erzieht, aber der Dichter faßt die Bühne keineswegs so grob rationalistisch auf wie viele seiner Zeitgenossen. Ohne Zweifel sieht er in der Kunst — neben den Gesetzen und der Religion — die Stütze des Staates. Sie klärt das Volk religiös, moralisch, wissenschaftlich und pädagogisch auf, ja einer klugen Regierung könnte sie sogar als Mittel dienen, die Untertanen politisch zu beeinflussen.

Schillers mit größter Dringlichkeit verkündete Glaube an die ästhetische Erziehung des Menschengeschlechts durch die Bühne spiegelt sich in der Umkehrung des Lessingschen Satzes von einem Nationaltheater. Hieß es bei Lessing ,,Wären wir eine Nation, so hätten wir auch ein Theater", so lesen wir bei Schiller: ,,Wenn wir es erlebten, eine Nationalbühne zu haben, so würden wir auch eine Nation."[44]) Kühner ist wohl nie der beinahe unbegrenzte Glaube an die Wirksamkeit der ästhetischen Erziehung für das Menschengeschlecht zum Ausdruck gebracht worden als in diesem Satz.

[43]) Schiller, Werke, 10. Bd., S. 46

[44]) Schiller, Werke, ebda S. 48

III. Die Sprache Schillers

So große Bedeutung Schiller der Struktur der dramatischen Handlung beimißt, so wesentlich waren ihm auch die Phänomene von Rhythmus, Reim und sprachlichem Ausdruck: Das ,,Wie'' mehr als das ,,Was'' der Aussage stand bei ihm immer im Vordergrund. Wir sind auch hierin in der glücklichen Lage, von ihm selbst bezüglich dieser Phänomene informiert zu werden. Über die Bedeutung des Rhythmus äußert er sich in einem Brief an Goethe vom 24. 11. 1797: ,,Der Rhythmus leistet bei einer dramatischen Produktion noch dieses Große und Bedeutende, daß er, indem er alle Charaktere und alle Situationen nach Einem Gesetz behandelt und sie, trotz ihres inneren Unterschiedes, in Einer Form ausführt, er dadurch den Dichter und seine Leser nötiget, von allem noch so chrakteristisch Verschiedenem, rein Menschliches zu verlangen. Alles soll sich in dem Geschlechtsbegriff des Poetischen vereinigen, und diesem Gesetz dient der Rhythmus sowohl zum Repräsentanten als zum Werkzeug, da er alles unter seinem Gesetz begreift. Er bildet auf diese Weise die Atmosphäre für die poetische Schöpfung, das Gröbere bleibt zurück, nur das Geistige kann von diesem dünnen Elemente getragen werden.'' — In der heutigen Betrachtungsweise würden wir wohl statt Rhythmus ,,Metrik'' einsetzen. Die feste Basis aller metrischen Formen in der Zeit der Klassik ist der Blankvers, wie wir ihn beispielhaft und in höchster Vollendung in Goethes ,,Iphigenie'' und ,,Tasso'' finden. Schiller, angeregt von Wieland, hat sich mit ,,Don Carlos'' angeschlossen. Der jambische Blankvers ist nicht gereimt und an keine feste Zäsur gebunden. Mit 5 —

statt 6 — betonten Silben und der Möglichkeit, mit einer betonten 10. oder einer betonten 11. Silbe zu enden, braucht er sich nicht als eine scharf umgrenzte Einheit darzustellen. In den klassichen Dramen Schillers gewinnt der Blankvers eine besondere Eigenart: Das Ende des Verses deckt sich in der Regel mit einem syntaktischen Einschnitt. Der Vers zeigt klare Gliederung, die an zahlreichen Stellen durch Endreime unterstrichen wird. Thomas Mann, einer der größten Stilisten des 20. Jahrhunderts, muß hier als der leidenschaftlichste Bewunderer Schillerscher Diktion zitiert werden: ,,Im übrigen sind die herrscherliche Virtuosität, mit der Schiller dem Jambus gebietet, der noble Wohlklang und Glanz, den er ihm verleiht, ohnegleichen. Er behandelt ihn mit souveräner Freiheit; es kommt ihm nicht darauf an, ihm sechs oder sieben Füße zu geben, statt fünfen, oder ihn auf die Hälfte abzukürzen, oder das Silbenmaß aus den Fugen gehen zu lassen, . . .''[45]) Schillers Sprachgewalt, die in gängigen Klischees als ,,hohles Pathos'' verschrieen wurde und wird, erscheint hier — aus kongenialem Geiste verstanden — als ,,Pathos des Geistes'', in dem sich hinreißender Rhythmus, Dichte der Bilder und Genauigkeit der Aussage verbinden, was mit Thomas Manns lakonischer Formel ,,pathetisch, aber exakt''[46]) überzeugend umschrieben worden ist. Im Sprachlichen ist kaum ein deutscher Dichter so ganz Bewegung: ,,Sein Adjektiv ist wie in der Hast des Laufes errafft, sein Hauptwort ist der schärfste Umriß des Dinges, von oben her im Fluge gesehen, alle Ge-

[45]) Thomas Mann, Schiller. In: Reden im Gedenkjahr 1955, Ernst Klett Verlag, S. 17
[46]) ebda S. 11

walt seiner Seele ist beim Verbum. Sein Rhythmus ist andringend, fortreißend, weiterstrebend, sein Entwurf kühn und groß wie sein Rhythmus, und der Aufbau harmonisch über dem Entwurf wie ein Haus über dem Grundriß. Seine Gedanken jagt er zu einem Ziel, seine Betrachtung zu einem Äußersten, Höchsten, seine Gestalten zu einem großen Entschluß, einem großen Abenteuer oder einem großen Untergang."[47])
Im Zusammenhang mit dem großen, von Rhythmus und Klang beherrschten Sprachgestus stehen die zahlreichen Beispiele hinreißender Eloquenz (s. Dialog zwischen Maria und Burleigh!), in denen Schärfe der Argumentation, Entlarvung des Gegners, Schlagkräftigkeit des Ausdrucks und Leidenschaft für die Sache ihresgleichen suchen. Wenn es – wieder – Regisseure gäbe, die Schillers Sprache den vollen Raum auf der Bühne zubilligten, so könnten hier Vorbilder für unsere debattierfreudige Zeit gefunden werden. In der Entfaltung von Behauptung und Begründung, von Argument und Gegenargument wird bei höchster Leidenschaft für die Sache höchste Präzision der Gedanken und Bilder dargeboten.
Der Schillersche Jambus weist eine sehr bezeichnende Eigenart auf, die wir o. bereits vermerkt haben : am Ende vieler Szenen und Aktschlüsse läßt der Dichter den sogenannten „Blankvers" im Reim enden ; diese Eigenart findet sich besonders in seinen klassischen Dramen. Dafür gibt es in der „Maria Stuart" zahlreiche Beispiele (I, 7, I, 8, II, 6, II, 9, III, 5, III, 8, Iv, 4, V, 7, V, 9). Eine solche Verwendung des Reims dient dazu, die Wirkung am Schluß einer Rede zu steigern. Es sind Schlußpunkte einer Aussage, die dadurch länger

[47]) H. v. Hofmannsthal, Schiller. a. a. O. S. 355

im Raum stehen bleibt und sich dem Gedächtnis stärker einprägt. Ein besonders augenfälliges Beispiel dafür ist Mortimers letzte Aussage vor seinem Tod, ebenso wie Marias groß gefaßtes Schlußwort an Leicester, bevor sie das Schafott besteigt. Schiller strebt in seinem Stil immer den Höhepunkten zu; er steigert, unterstreicht und pointiert, wo immer er Gelegenheit sieht, eine große Wirkung zu erzielen, eine hinreißende Beredsamkeit seiner Gestalten aufzubieten, wenn sie vertreten, was ihnen die Seele beherrscht. Auch hier wiederum setzt eines der bereits historischen, aber auch vor allem zeitgenössischen Mißverständnisse Schillers ein: da manche seiner Sentenzen in den saloppen Sprachgebrauch unseres Alltags übergegangen sind, glaubt man, es wagen zu können, sie „hohltönend" und „abgebraucht" zu nennen. Aber als Schiller sie formulierte, waren es keine Sentenzen, — erst die Prägnanz und Bildhaftigkeit seines Ausdrucksvermögens hat sie zu Sentenzen gemacht. —

Anregungen zur Unterrichtsgestaltung

Vorbemerkung

Seit man sich im Deutschunterricht der Gymnasien wieder mehr und mehr darauf besinnt, das Prinzip der Gleichrangigkeit der Texte zugunsten eines verbindlicheren Kanons der Werte zurückzudrängen, ergibt sich folgerichtig daraus, daß auch den Klassikern wieder der ihnen angemessene Platz im Rahmen des Bildungswesens eingeräumt wird. „Die neuen Töne verraten den Wunsch", hieß es zu dieser Frage in einem

Artikel der FAZ vom Dezember 1980, ,,der geistigen Verarmung zu entkommen, zu der die selbstgewählte Beschränkung auf exaktes, meßbares, nachprüfbares Wissen und der Verzicht auf Qualitätsmaßstäbe moralischer oder ästhetischer Art geführt haben.''[48])
Es sind vielfach die Schüler selbst, die sich nach allzu ausschließlicher Beschäftigung mit reinen Informations- bezw. Trvialtexten zu Anwälten der Klassik machen. Man ist zudem der Schlagworte ,,Wissenschaftsorientierung'' und ,,Wissenschaftspropädeutik'' im Bereich der Schule müde geworden. Nach einer Zeit theoretisierender Dürre ist der Wunsch nach Anschaulichkeit wieder spürbar, wie sie sich in den Szenen, Bildern und Figuren von Drama und Roman, von Biographie und Mythologie findet und die Mitte hält zwischen reiner Theorie und Lebenspraxis, auf die die Schule ja erst vorbereiten soll. — Gerade aus dieser Sicht widersprechen wir der Herausgeberin der Materialiensammlung ,,schiller in deutschland'' eva d. becker, wenn sie in der Einleitung sagt: ,,Nicht das Werk ,,an sich'' wirkt auf uns, sondern das Werk mit seiner Interpretations- und Rezeptionsgeschichte.''[49])
Unter den Klassikern ist es besonders Schiller, der diesem Wunsch nach Anschaulichkeit und Wirkung in besonderem Maße entspricht: Die kräftige Sprache, der hinreißende Rhythmus, die dramaturgische Meisterschaft, die Exaktheit der Bilder, — vor allem aber auch der stolze Ruf nach Freiheit und Würde der Persönlichkeit, dies sind Erscheinungen, die die Ju-

[48]) Konrad Adam, Die Suche nach dem Kanon. FAZ im Dezember 1980
[49]) Einleitung zu texte und materialien zum literaturunterricht. schiller in deutschland, für die schule herausg. von eva d. becker. Diesterweg 1972

gendlichen aller Zeiten immer wieder bewegen und mitreißen werden. Das hier ausgewählte Schauspiel ,,Maria Stuart'' ist zudem ein Musterbeispiel dramatischer Form, das in der Geschichte der deutschen Tragödie kaum seinesgleichen findet. –

Unterrichtsreihe

Thema: Friedrich Schiller

1) ,,Die Schaubühne als eine moralische Anstalt betrachtet''
2) ,,Maria Stuart''

A. Zur Einführung: ,,Schiller und die moderne Bühne''
Diskussion über die Rezeption Schillers in der Gegenwart (Beiträge zur Information: Übersicht über Spielpläne, Programmhefte, Theaterrezensionen — Wenn möglich: Gemeinschaftlicher Theaterbesuch)

Anschlußfragen:

1) Wieweit werden die inszenatorischen Mittel und Absichten der mordernen Bühne dem Klassiker Schiller gerecht?
2) Wie stehen Sie — im allgemeinen — zu der ,,hinzu-erfindenden Regie'' und welches Bemühen sehen Sie darin?

Erarbeitung der Texte im Unterricht

1) ,,Die Schaubühne als eine moralische Anstalt betrachtet"

(Vorbereitung des Textes in häuslicher Arbeit)
Es wird empfohlen, den Schülern Hinweise und Worterklärungen zum Text an die Hand zu geben.

Liste der Worterklärungen:

Rhadamanthus	: Totenrichter der Unterwelt
Medea	: Schauspiel von Euripides; Cinna: Schauspiel von Corneille; Franz von Sickingen: Schauspiel eines unbekannten Verfassers
Lear	: Schauspiel von W. Shakespeare
Harpagon	: Figur aus Molière, Der Geizige
Sara	: Figur aus Lessing, Miß Sara Sampson
Ariadne	: Ariadne auf Naxos, Schauspiel von Joh. Christian Brandes
Ugolino	: Schauspiel von Gerstenberg
Mariane	: Schauspiel v. Friedrich Wilhelm Gotter
Philantropinen	: Erziehungsanstalten

- - - - - - - - -

Erschließende Fragen zum Text im Unterrichtsgespräch:

1) Inwiefern kann man die Schrift ein „Plädoyer für das Theater" nennen?
2) Gliedern Sie den Text, indem Sie Schillers Hauptargumente für die Bedeutung der Bühne herausstellen. (Dies kann auch in Form einer schriftlichen Arbeit als Aufgabe gestellt werden.)
3) Entsprechen die in den theoretischen Äußerungen formulierten Postulate vom Sinn und Zweck der Bühne Ihren eigenen Vorstellungen vom Theater?
4) Vergleichen Sie Brechts und Dürrenmatts Theorien über das moderne Theater mit Schillers Text.

Als Zusatzaufgabe: Vergleichende Lektüre:
Bert Brecht, Theorie des epischen Theaters
Friedrich Dürrenmatt, Theaterprobleme

2) „Maria Stuart"

Vorbereitung: Zusammenhängendes Lesen des Dramas als Hauslektüre — Kurze schriftliche Zusammenfassung des Handlungsablaufs

Zur Einführung: Bühnenrezeption des Dramas zu Schillers Zeit (Lehrervortrag)

Aufgabenvorschläge:

1) Untersuchen Sie Bauform und Sprachstil der Tragödie (Exposition — Handlungsführung — Symmetrie des Aufbaus — Versform (Blankvers)

2) Erläutern Sie, inwiefern die Schillersche Tragödie als ein Musterbeispiel der „Euripidischen Methode" („Tragische Analysis") anzusehen ist.
3) Welche Bedeutung hat der III. Akt für die Struktur des Dramas?
4) Stimmen Sie Grabbes Ausspruch zu, der in der „Begegnungsszene" von den beiden Königinnen spricht, die „vor Neid und Leidenschaft Rang und Krone vergessen, und werden einander scheltende Weiber, jede Rücksicht aus den Augen setzend, außer den bitteren persönlichen Anzüglichkeiten."?
5) Untersuchen Sie die beiden Hauptgestalten Maria und Elisabeth im Hinblick auf Schillers Theorie des „gemischten Charakters".
6) Ist es Schiller gelungen, seine Absicht zu verwirklichen, Maria solle keine „weiche Stimmung" erregen?
7) Äußern Sie sich — im Anschluß an die Untersuchung des V. Akts — ob „Maria Stuart" als ein „Läuterungsdrama" zu bezeichnen ist (Zur Beleuchtung dieser Frage: widersprüchliche Interpretationen heranziehen, s. Analysen, Kapitel: „Begegnung der Königinnen: Zeugnis tragischer Paradoxie")
8) Welche Bedeutung haben Beichte und Kommunion im V. Akt des Dramas?
9) Welche Funktion im dramatischen Geschehen erfüllt die Gestalt des Mortimer?

\- - - - - - - - -

LITERATURVERZEICHNIS

Werke

Schillers sämtliche Werke i. 12 Bänden
Leipzig/Philip Reclam
Briefwechsel Schiller Goethe i. 2 Bänden, hrsg. vom Emil Staiger, insel taschenbuch 1977

Sekundärliteratur

Beck, Adolf: Friedrich Schiller ,,Maria Stuart''. In: Das deutsche Drama. Hrsg. von Benno v. Wiese. August Bagel Verlag Düsseldorf 1968/S. 307-324

Burschell, Friedrich: Schiller. Rowohlt Verlag 1968

Conrady, Karl Otto: (Hrsg.) ,,Deutsche Literatur zur Zeit der Klassik. Reclam Stuttgart 1977

Cysarz, Herbert: Schiller, Max Niemeyer Verlag. Halle/Saale 1934

Benz, Richard: Die Zeit der deutschen Klassik. Reclam Verl. 1953

Dürrenmatt, Friedrich: Theaterprobleme. Im Verlag der Arche Zürich. 1955

Gründgens, Gustaf: Schiller und die moderne Bühne. In: Akzente. 2. Jg 1955, S. 222-224

Hofmannsthal, Hugo von: Gesammelte Werke. Reden und Aufsätze I Fischer Taschenbuch 1979

Jöns, Dietrich: Das Problem der Macht in Schillers Dramen. In: Deutsche Literatur zur Zeit der Klassik. Reclam Stuttgart 1977

Jung, C. G.: Psychologie und Religion. Studienausgabe bei Walter 1963

Jung, C. G.: Bewußtes und Unbewußtes. Bücher des Wissens. Fischer Taschenbuch Verlag 6058

Kommerell, Max: Schiller als Gestalter des handelnden Mensche. In: Geist und Buchstabe der Dichtung. Vittorio Klostermann, Frankf. a. M. 1962

Klotz, Volker: Lied im Drama. In: Akzente, 1960-62, S. 309-320

Koopmann, Helmut: Schiller Kommentar zu den philosophischen Schriften, Bd. II, München. Winkler Verl. 1969

Lutz, Hans: Schillers Anschauungen von Kultur und Natur, Berlin 1928

Mann, Otto: Geschichte des deutschen Dramas. Alfred Kröner Verl. Stuttgart 1960

Mann, Thomas: Schiller. In: Reden im Gedenkjahr 1955. Ernst Klett Verlag

Muschg, Walter: Berliner Schillerrede. In: Akzente Bd. III, 1960 S. 25 f

Sautermeister, Gert: Maria Stuart. In: Schillers Dramen. Neue Interpretationen. Hrsg. von Hinderer. Reclam Stuttgart 1979 S. 174-217

Sautermeister, Gert: In Kindlers Literatur Lexikon S. 6035

Schneider, R.: Tragik und Erlösung im Weltbild Schillers. In: Reden im Gedenkjahr 1955. a. a. O.

Schulte, Hans H.: Werke der Begeisterung. Friedrich Schiller Bouvier Verlag Grundmann, Bonn 1980

Staiger, Emil: Friedrich Schiller. Atlantis Verlag 1967. Zürich

Storz, Gerhard: Der Dichter Friedrich Schiller, Stuttgart 1959

Strich, Fritz: Kunst und Leben. Vorträge und Abhandlungen zur deutschen Literatur. Francke Verlag Bern u. München. 1960: Schiller und Thomas Mann. S. 169-190